全国中等职业学校汽车类专业互联网＋数纸融合创新教材
技工院校工学一体化技能人才培养教材

汽车发动机检修

人力资源社会保障部教材办公室◎组织编写
秦杰◎主编

中国劳动社会保障出版社

内容简介

本书的主要内容包括发动机气缸盖的拆卸与装复、油底壳和机油泵的拆卸、活塞连杆组的分解与组装、曲轴的拆卸与装复、正时链条的装复、气门组件的分解与装复、活塞环端隙与侧隙的检测、曲轴弯曲与磨损的检测、喷油器的拆卸与安装、点火线圈的检测、可变气门正时系统的检测等。

本书由秦杰主编，姜成、余成路、李俊杰、时伟伟、姚静洁、俞应进参与编写，李凤琪主审。

图书在版编目(CIP)数据

汽车发动机检修/人力资源社会保障部教材办公室组织编写；秦杰主编. -- 北京：中国劳动社会保障出版社，2022

全国中等职业学校汽车类专业互联网+数纸融合创新教材　技工院校工学一体化技能人才培养教材

ISBN 978-7-5167-5584-6

Ⅰ. ①汽…　Ⅱ. ①人…②秦…　Ⅲ. ①汽车-发动机-车辆检修-中等专业学校-教材　Ⅳ. ①U472.43

中国版本图书馆CIP数据核字(2022)第187621号

中国劳动社会保障出版社出版发行

（北京市惠新东街1号　邮政编码：100029）

*

北京市白帆印务有限公司印刷装订　新华书店经销

880毫米×1230毫米　16开本　12印张　258千字

2022年11月第1版　2025年6月第4次印刷

定价：35.00元

营销中心电话：400-606-6496

出版社网址：http://www.class.com.cn

http://jg.class.com.cn

前言
PREFACE

随着互联网技术的迅速发展和信息化教学环境的普及，以及职业教育与移动应用的深度融合，依托翻转课堂教学增加学生的学习兴趣已成为迫切需求。为全面推进技工院校工学一体化人才培养模式改革，适应技工院校教学模式改革创新，人力资源社会保障部教材办公室组织一线教师和行业、企业专家，开发了本套全国中等职业学校汽车类专业互联网+数纸融合创新教材，包括：《汽车维护与保养》《汽车发动机检修》《汽车底盘检修》《汽车电气设备检修》等。

本套教材具有以下特色：

第一，教材编写以工作情境和职业岗位活动为主体，按照“学习目标—任务描述—相关知识—任务准备—任务实施—任务评价”的思路编写，采取工作页的编写模式，设置引导问题和填空，以任务为驱动，引导学生在完成具体工作任务的过程中学习知识、掌握技能。

第二，教材采用线上线下混合式学习场景设计，打破了传统课堂教学的局限性，实现纸质教材与数字化教学资源的有机融合。各个任务均配有二维码，学生通过扫码观看任务操作视频，既可以在课前结合引导问题进行学习准备，也可以在课程中使用记录操作要点，还可以在课后复习和巩固技能。

第三，教材的任务评价采用过程评价与结果评价相结合的方式，评价对象包括准备工作、操作、技术规范和职业素养等，评价结果可检测、可衡量，便于教师操作。

第四，教材均采用彩色印刷，更加形象、生动地展示操作内容，使用左图右文的内容呈现形式，版面简洁、清晰，重点突出，为学生提供沉浸式学习体验。

本套教材的编写得到了有关省市人力资源社会保障部门、技工院校的大力支持和帮助，在此我们表示诚挚的谢意。

人力资源社会保障部教材办公室

2022 年 7 月

目录
CONTENTS

任务一 | 气缸盖的拆卸 …… 1
任务二 | 气缸盖的装复 …… 6
任务三 | 油底壳和机油泵的拆卸 …… 12
任务四 | 活塞连杆组的拆卸 …… 18
任务五 | 活塞连杆组的分解 …… 23
任务六 | 活塞连杆组的组装 …… 27
任务七 | 曲轴的拆卸 …… 31
任务八 | 曲轴的装复 …… 36
任务九 | 活塞连杆组的装复 …… 44
任务十 | 正时链条的装复 …… 50
任务十一 | 气门组的分解 …… 58
任务十二 | 气门组的装复 …… 63
任务十三 | 活塞环端隙的检测 …… 69
任务十四 | 活塞环侧隙的检测 …… 74
任务十五 | 气缸磨损的测量 …… 79
任务十六 | 曲轴弯曲的检测 …… 85
任务十七 | 曲轴磨损的检测 …… 90
任务十八 | 凸轮轴的拆卸 …… 95
任务十九 | 热线式空气流量计就车检测 …… 102
任务二十 | 热线式空气流量计的检测 …… 106
任务二十一 | 进气歧管绝对压力传感器的检测 …… 111
任务二十二 | 进气温度传感器的检测 …… 117
任务二十三 | 节气门位置传感器的检测 …… 123
任务二十四 | 电动燃油泵的拆卸 …… 129

任务二十五 | 电动燃油泵及燃油表传感器的检测 …… 136
任务二十六 | 电动燃油泵的安装 …… 140
任务二十七 | 喷油器的检测 …… 147
任务二十八 | 喷油器的拆卸 …… 154
任务二十九 | 喷油器的安装 …… 161
任务三十 | 凸轮轴位置传感器的检测 …… 168
任务三十一 | 点火线圈的检测 …… 174
任务三十二 | 可变气门正时系统的检测 …… 180

任务一

气缸盖的拆卸

学习目标

1. 能说出气缸盖的结构名称。
2. 能说出气缸盖拆卸的注意事项。
3. 能正确使用工具对气缸盖进行拆卸。
4. 能说出气缸盖拆卸的操作步骤。

任务描述

一辆丰田卡罗拉 1.6 L 轿车进店维护保养，该车行驶超过 100 000 km，客户反映车辆动力不足。用诊断仪测试后发现无故障码，用气缸压力表测试气缸压力值，发现第三缸气缸压力值偏低，需要对该车辆进行气缸盖拆卸检查。本任务的主要内容是拆卸气缸盖。

问题 1：气缸盖与哪些零部件相连？

____

____

问题 2：拆卸气缸盖时有哪些注意事项？螺栓拆卸顺序错误可能会出现哪些问题？

____

____

相关知识

从丰田卡罗拉发动机维修手册可以看出，如果气缸压缩压力偏低，气门可能卡滞或不能正确就位，或可能从衬垫漏气，一般需要对气缸盖进行拆卸检修。

气缸盖由铸铁或铝合金制成，是气门机构的安装基体，也是气缸的密封盖。气缸盖损坏现象多为气缸盖与缸孔密封平面的变形（使密封遭到破坏），进、排气门座孔裂纹，火花塞安装螺纹损坏等。特别是用铝合金制成的气缸盖，因其材料硬度较低，强度也相对较差，比较容易变形和损伤。

任务准备

1. 工具器材

操作前需要准备以下设备、工具及辅助材料等（以单工位为例）。

设备、工具及辅助材料

序号	名称	规格	数量
1	发动机	丰田卡罗拉 1.6 L	1
2	发动机拆装台架	—	1
3	指针式扭力扳手	0 ~ 300 N · m	1
4	工具车①	JTC 三层	1
5	弓形杆	—	1
6	零件车	—	1
7	棉纱手套	—	2

2. 分工及操作

职务	代码	姓名	工作内容
组长	A		
组员	B		
	C		
	D		
	E		

任务实施

下面以丰田卡罗拉 1.6 L 车型为例，介绍发动机气缸盖的拆卸方法。

① JTC 三层工具车包含：第一层 1/2 英寸系列棘轮扳手及配套接杆与套筒、3/8 英寸系列棘轮扳手及配套接杆与套筒；第二层 1/4 英寸系列棘轮扳手及配套接杆与套筒、梅花开口两用扳手（8 ~ 21 mm）、L 形内六角扳手套装、L 形短星型扳手套装；第三层 8 英寸鲤鱼钳、6 英寸斜口钳、6 英寸尖嘴钳、高压气枪、三爪机滤扳手、可弯式磁性吸棒、LED 正负极验电笔（测试灯）、一字红柄旋具两把、十字红柄旋具两把、卡扣起子、铁锤、平型钢錾、内饰板塑料撬板。

序号	图示	步骤及技术要点
1		将发动机固定到专用拆装台架上
2		检查发动机拆装台架和工具车
3	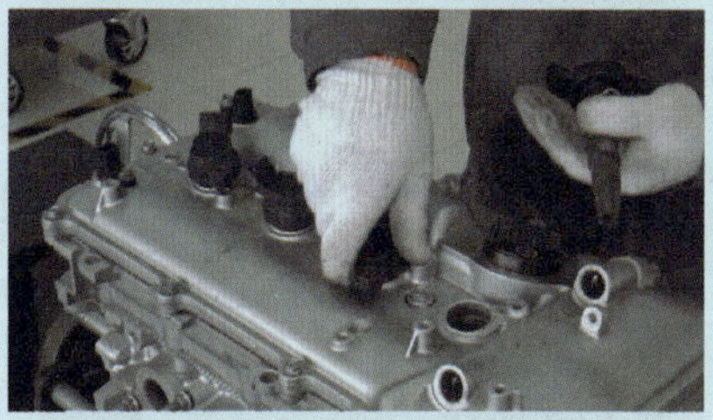	拆下与发动机连接的软管、拉线、导线端子、线束插头
4	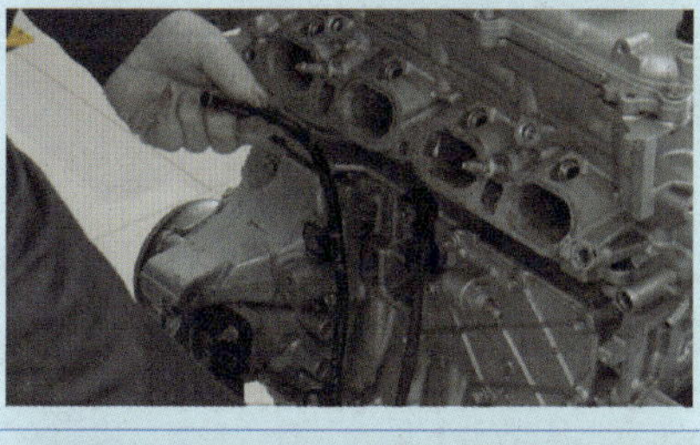	拆下与发动机连接的支架和部件总成
5		拆下与发动机连接的进、排气歧管和气门室盖等附件
6	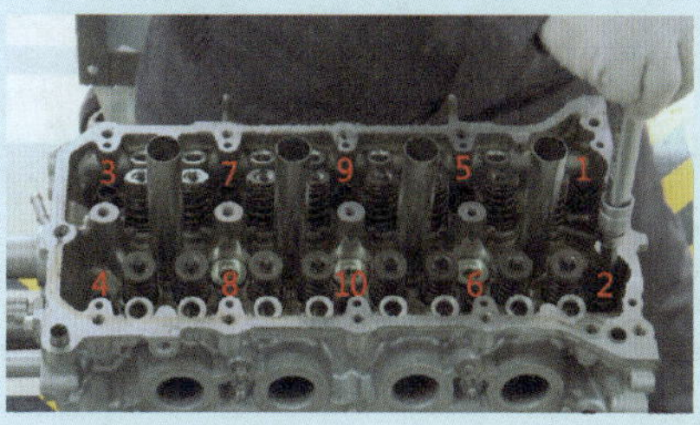 3 7 9 5 1 4 8 10 6 2	用缸盖螺栓拆装专用工具和指针式扭力扳手释放气缸盖螺栓扭力，按__________的顺序分_________次释放气缸盖螺栓扭力，直至螺栓扭力完全被释放 注意：螺栓拆卸顺序不正确会导致气缸盖翘曲或破裂。释放扭力时要用手拉指针式扭力扳手，不能推指针式扭力扳手，以防受伤

续表

序号	图示	步骤及技术要点
7		用弓形杆按 1 到 10 的顺序快速摇下气缸盖螺栓
8		用磁性吸棒按顺序吸出气缸盖螺栓，并按顺序摆放好
9		使用一字旋具撬动气缸盖 注意：要在一字旋具头部缠上胶带或垫抹布，防止一字旋具损坏__________和__________表面
10	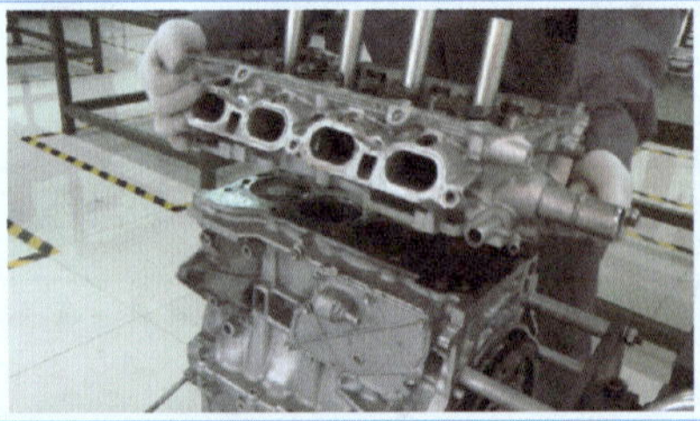	取下气缸盖，取下时要垂直向上拆下，防止损坏气缸体上的__________
11		将气缸盖倒置放在垫布的木块上，防止损坏气缸盖表面
12		取下缸盖衬垫，观察缸盖衬垫上的标记
13	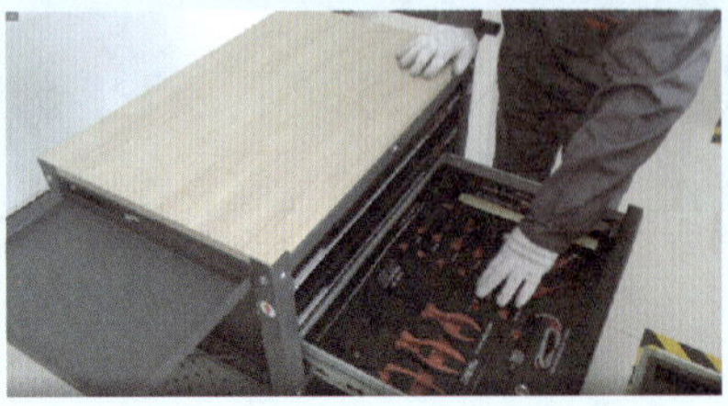	摆放好拆下的零部件并按照“5S”要求恢复场地

任务评价

<table>
<tr><th>项目</th><th>作业内容</th><th>评价要点</th><th>配分</th><th>评价</th></tr>
<tr><td rowspan="8">准备工作</td><td rowspan="2">场地准备</td><td>工位应干净、整洁，地面无油污</td><td>1</td><td>□</td></tr>
<tr><td>工具车和发动机拆装台架放置于合适位置</td><td>1</td><td>□</td></tr>
<tr><td rowspan="2">设备检查</td><td>检查发动机总成与发动机拆装台架是否安装牢固</td><td>2</td><td>□</td></tr>
<tr><td>翻转发动机拆装台架，检查锁紧机构是否有效</td><td>2</td><td>□</td></tr>
<tr><td rowspan="2">人员防护</td><td>工作服穿戴整齐</td><td>2</td><td>□</td></tr>
<tr><td>拆装操作时应佩戴棉纱手套</td><td>2</td><td>□</td></tr>
<tr><td rowspan="2">工具、量具检查</td><td>检查工具车中工具是否齐全，有无损坏等情况</td><td>3</td><td>□</td></tr>
<tr><td>检查指针式扭力扳手的指针是否处于零位</td><td>2</td><td>□</td></tr>
<tr><td rowspan="10">操作</td><td rowspan="6">操作要点</td><td>能将气缸盖倒置放在垫布的木块上，防止其损坏</td><td>5</td><td>□</td></tr>
<tr><td>能选用合适工具对气缸盖进行拆卸</td><td>9</td><td>□</td></tr>
<tr><td>能按规定取下缸盖衬垫</td><td>8</td><td>□</td></tr>
<tr><td>能根据维修手册，按顺序拆卸气缸盖螺栓</td><td>10</td><td>□</td></tr>
<tr><td>能正确使用气缸盖螺栓拆卸工具</td><td>8</td><td>□</td></tr>
<tr><td>能用磁性吸棒吸取气缸盖螺栓，并整齐摆放</td><td>10</td><td>□</td></tr>
<tr><td rowspan="4">技术规范</td><td>能简述气缸盖的拆卸顺序</td><td>5</td><td>□</td></tr>
<tr><td>能简述气缸盖的结构和各部件的作用</td><td>5</td><td>□</td></tr>
<tr><td>能查阅维修手册找出气缸盖螺栓拆卸位置及顺序</td><td>5</td><td>□</td></tr>
<tr><td>能正确摆放拆卸下来的各零部件及螺栓</td><td>5</td><td>□</td></tr>
<tr><td rowspan="4">职业素养</td><td rowspan="2">安全及合作</td><td>特殊操作应佩戴安全帽、防酸碱手套或绝缘手套、护目镜等防护用品</td><td>5</td><td>□</td></tr>
<tr><td>能查阅维修手册并严格执行技术规范，有良好的责任心和职业道德</td><td>5</td><td>□</td></tr>
<tr><td rowspan="2">“5S”管理</td><td>注意操作安全，不随意放置工具、量具，不应有其他安全隐患</td><td>3</td><td>□</td></tr>
<tr><td>能按正确步骤操作，不得损坏车辆、设备等，按环保规定处理废弃物，不可发生语言争执或肢体碰撞，避免人员受伤</td><td>2</td><td>□</td></tr>
<tr><td colspan="3">总评分</td><td colspan="2"></td></tr>
</table>

任务二

气缸盖的装复

学习目标

1. 能根据维修手册，按正确的操作步骤装复气缸盖。
2. 能选择合适工具对气缸盖进行装复。
3. 能简述气缸盖装复时的注意事项。
4. 能简述气缸盖的作用。

任务描述

一辆丰田卡罗拉1.6 L轿车进店维护保养，该车行驶超过100 000 km，客户反映车辆发动机动力明显不足，并伴随气缸盖漏油，经初步检测发现气缸盖变形且开裂，需要更换气缸盖。本任务的主要内容是装复新的气缸盖。

问题1：缸盖衬垫的安装位置在哪里？

______

______

问题2：气缸盖螺栓的安装操作规范是什么？

______

______

相关知识

气缸盖是结构复杂的箱体类零件。气缸盖上通常加工有进气道、排气道、气门座、火花塞安装孔等。气缸盖的作用是密封气缸上端面，与活塞、气缸壁构成燃烧室，气缸盖从顶部封闭燃烧室。气缸盖与气缸体上平面之间有气缸垫。为了保证气缸的良好密封，气缸盖既不能损坏，也不能变形，因此，气缸盖应具有足够的强度和刚度。

任务准备

1. 工具器材

操作前需要准备以下设备、工具及辅助材料等（以单工位为例）。

设备、工具及辅助材料

序号	名称	规格	数量
1	发动机	丰田卡罗拉 1.6 L	1
2	发动机拆装台架	—	1
3	可调式扭力扳手	25 ~ 100 N · m	1
4	工具车	JTC 三层	1
5	扭力角度规	1/2 接口	1
6	零件车	—	1
7	抹布	—	2
8	机油	—	适量

2. 分工及操作

职务	代码	姓名	工作内容
组长	A		
组员	B		
	C		
	D		
	E		

任务实施

下面以丰田卡罗拉 1.6 L 车型为例，介绍气缸盖的装复方法。

序号	图示	步骤及技术要点
1		将发动机固定到专用拆装台架上
2		检查发动机拆装台架和工具车
3		用抹布清洁气缸盖和气缸体接触表面
4	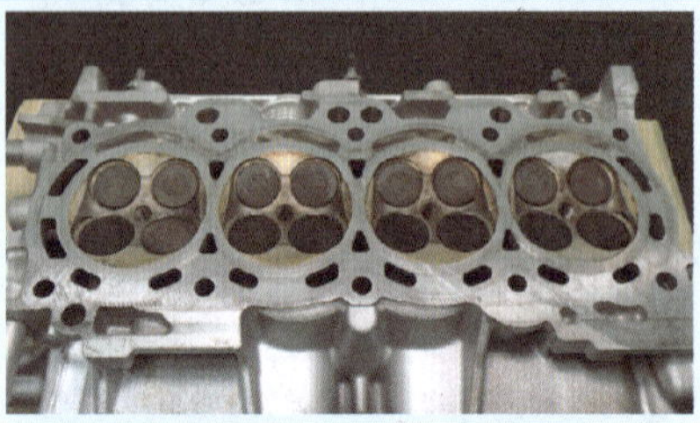	检查气缸体螺栓孔，不能有油渍或脏污
5	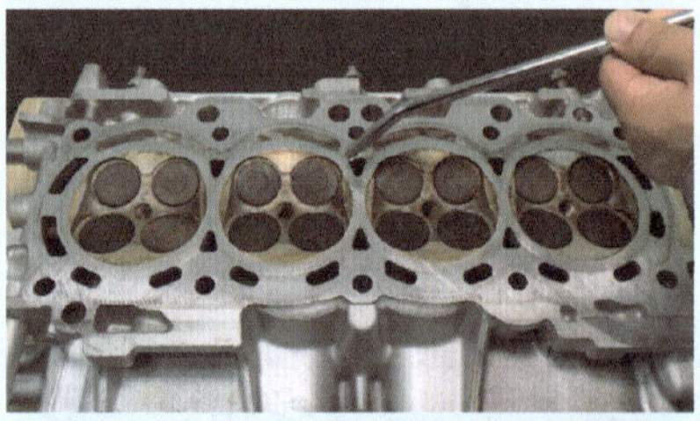	用压缩空气吹干净气缸体螺栓孔
6		转动曲轴，使第 1 缸活塞处于__________位置
7		再将曲轴逆时针旋转______，使第 1 缸活塞偏离上止点

续表

序号	图示	步骤及技术要点
8		按正确的方向将新缸盖衬垫轻放在气缸体上平面 注意：安装缸盖衬垫时应小心，防止缸盖衬垫损坏导致泄漏
9	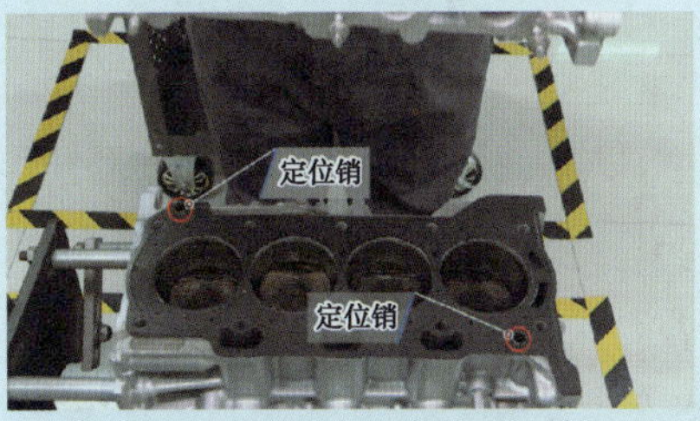 定位销 定位销	装上气缸盖，将定位销装入对应的销孔内
10	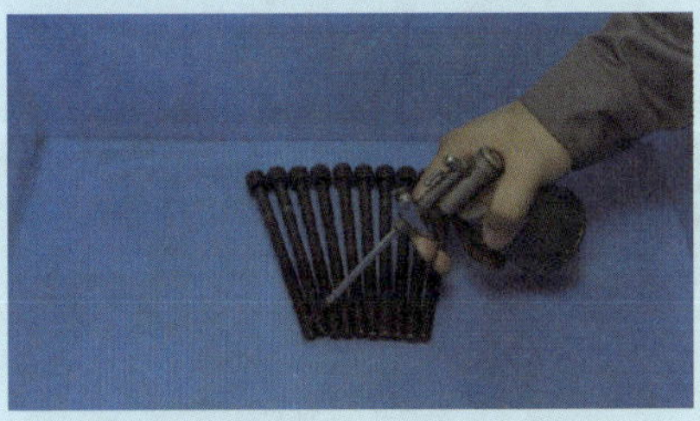	在螺栓的螺纹和与垫圈相接触的螺栓头下面的部位，涂抹一层薄机油
11		将平垫圈和螺栓安装至气缸盖
12	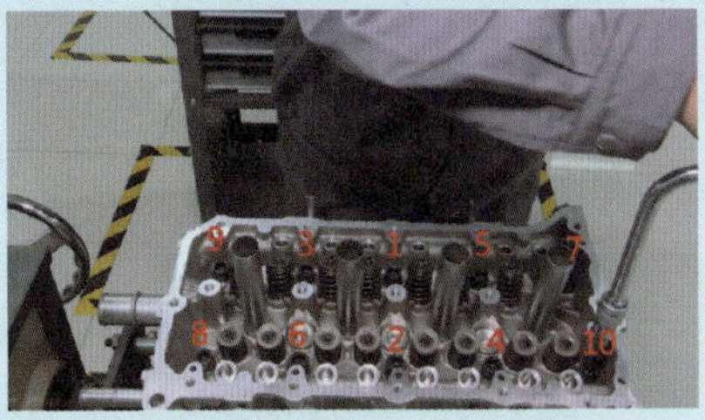 9 3 1 5 7 8 6 2 4 10	按＿＿＿＿＿的顺序，用 10 mm 内六角扳手均匀地安装并紧固 10 个气缸盖螺栓
13	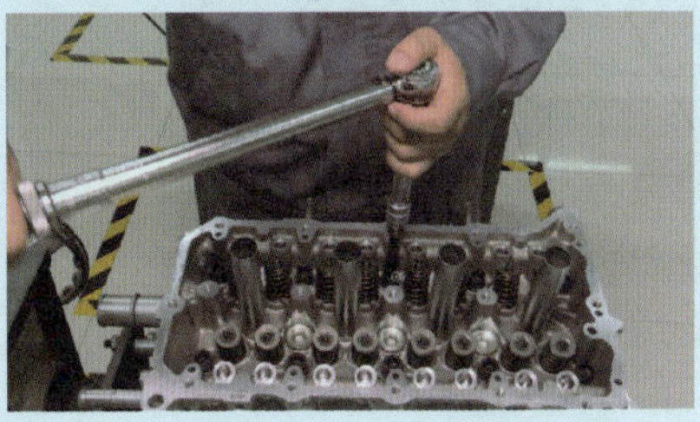	用可调式扭力扳手按顺序以＿＿N · m 的力矩预拧紧所有气缸盖螺栓

续表

序号	图示	步骤及技术要点
14		用扭力角度规按同样顺序将所有螺栓转动______
15		再次按同样顺序将所有螺栓转动______
16		按照 “5S” 要求恢复场地

任务评价

项目	作业内容	评价要点	配分	评价
准备工作	场地准备	工位应干净、整洁，地面无油污	1	□
		工具车和发动机拆装台架放置于合适位置	1	□
	设备检查	检查发动机和发动机拆装台架是否安装牢固	2	□
		翻转发动机拆装台架，检查锁紧机构是否有效	2	□
	人员防护	工作服穿戴整齐	2	□
	工具、量具检查	检查工具车中工具是否齐全，有无损坏等情况	3	□
		检查扭力角度规和可调式扭力扳手的指针是否处于零位	2	□
操作	操作要点	能清洁气缸盖和气缸体接触表面	5	□
		能按正确的方向将新的缸盖衬垫放在气缸体上平面上	9	□
		能使定位销对准气缸盖对应的销孔	10	□

续表

项目	作业内容	评价要点	配分	评价
操作	操作要点	能观察气缸盖是否安装到位	10	□
		能正确安装平垫圈和气缸盖螺栓	8	□
		能按顺序紧固 10 个气缸盖螺栓	10	□
	技术规范	能查阅维修手册找到气缸盖装复相关技术规范	5	□
		能按照操作规范完成气缸盖的装复	5	□
		能说出气缸盖装复的操作步骤	5	□
		能正确摆放所使用的工具	5	□
职业素养	安全及合作	特殊操作应佩戴安全帽、防酸碱手套或绝缘手套、护目镜等防护用品	5	□
		能查阅维修手册并严格执行技术规范，有良好的责任心和职业道德	5	□
	“5S” 管理	注意操作安全，不随意放置工具、量具，不应有其他安全隐患	3	□
		能按正确步骤操作，不得损坏车辆、设备等，按环保规定处理废弃物，不可发生语言争执或肢体碰撞，避免人员受伤	2	□
总评分				

任务三 油底壳和机油泵的拆卸

学习目标

1. 能简述发动机油底壳和机油泵的作用。
2. 能正确选择工具对油底壳和机油泵进行拆卸。
3. 能按正确操作步骤拆卸油底壳和机油泵。
4. 能简述拆卸油底壳和机油泵时的注意事项。

任务描述

一辆丰田卡罗拉 1.6 L 轿车进店维护保养，该车行驶超过 100 000 km，客户反映车辆仪表内机油压力报警灯点亮，经检查发现发动机机油液面正常，利用机油压力表检查，发现机油压力过低，现对该车辆全面检查维修。本任务的主要内容是油底壳和机油泵的拆卸。

问题 1：为什么要交替对角拧松曲轴箱与气缸体之间的固定螺栓？

____

____

问题 2：在什么情况下需要拆卸发动机油底壳和机油泵？

____

____

相关知识

油底壳的主要功能是储存机油和封闭机体或曲轴箱。油底壳多由薄钢板冲压而成，形状较为复杂的一般采用铸铁或铝合金浇铸成型，其内部装有稳油挡板，以避免颠簸时油液溅出，侧面装有机油尺，用来检查油量。此外，油底壳底部最低处还装有放油螺塞。

机油泵的主要功能是将机油提高到一定压力后，压送到发动机各零件的运动表面上。机油泵的结构形式可以分为齿轮式和转子式两类。齿轮式机油泵又分为内接齿轮式和外接齿轮式。机油泵一般由进油腔、机油泵主动齿轮、出油腔、泄压槽、机油泵从动齿轮、机油泵体等组成。

任务准备

1. 工具器材

操作前需要准备以下设备、工具及辅助材料等（以单工位为例）。

设备、工具及辅助材料

序号	名称	规格	数量
1	发动机	丰田卡罗拉 1.6 L	1
2	发动机拆装台架	—	1
3	机油收集器	—	1
4	橡胶锤	—	1
5	工具车	JTC 三层	1
6	刀片	—	1
7	零件车	—	1
8	棉纱手套	—	2

2. 分工及操作

职务	代码	姓名	工作内容
组长	A		
组员	B		
	C		
	D		
	E		

任务实施

下面以丰田卡罗拉 1.6 L 车型为例，介绍油底壳和机油泵的拆卸方法。

序号	图示	步骤及技术要点
1		将发动机固定到专用拆装台架上
2		检查发动机拆装台架和工具车
3	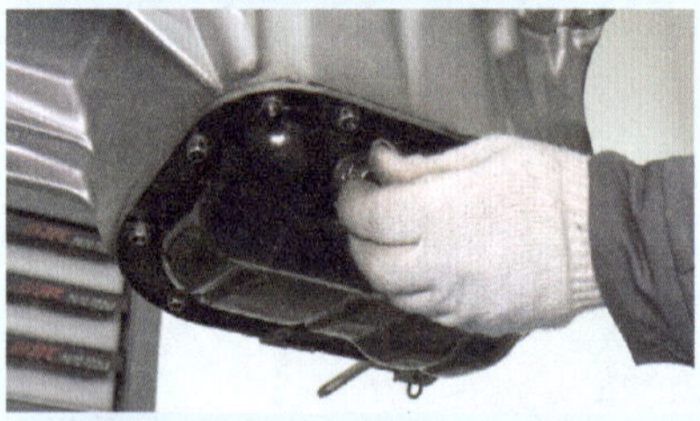	将机油收集器置于油底壳下方，拆下油底壳上的放油螺塞
4	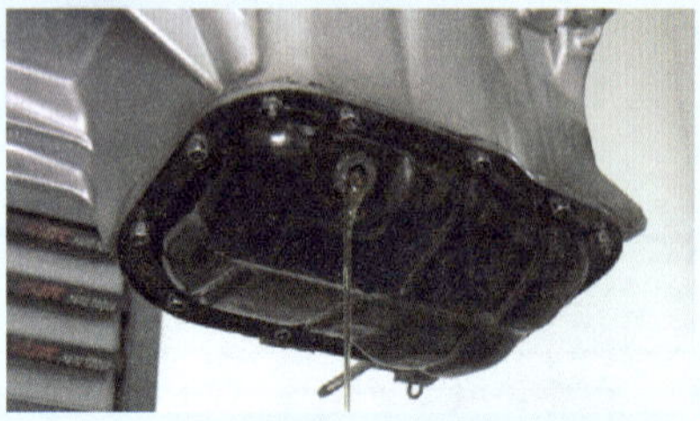	将废机油放入机油收集器，收集时不能与防冻液、汽油等混合
5		转动发动机拆装台架手柄，使发动机________朝上
6	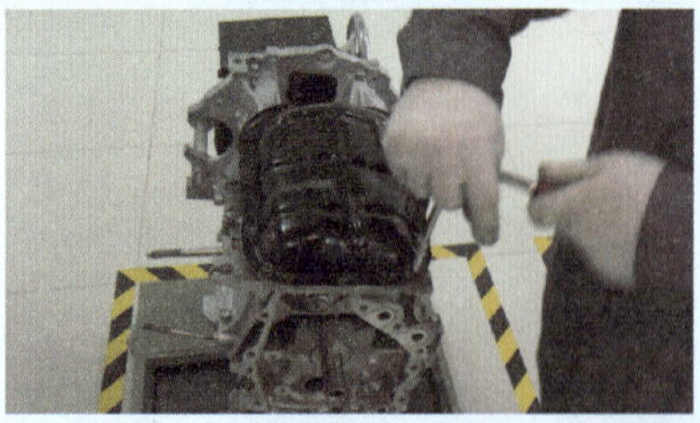	____________拧松油底壳螺栓
7		拆下油底壳螺栓

续表

序号	图示	步骤及技术要点
8		取下油底壳时，可用橡胶锤轻轻敲击
9		将刀片插入曲轴箱和油底壳之间，切开密封胶并拆下油底壳 注意：不要损坏曲轴箱、链条盖和油底壳的接触面
10		拧下机油泵的 3 个固定螺栓
11		拆下机油泵
12	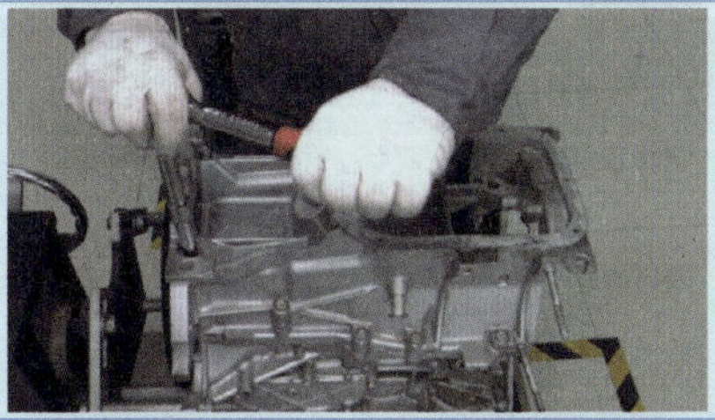	交替对角拧松曲轴箱与气缸体之间的 11 个固定螺栓，并拆下螺栓
13	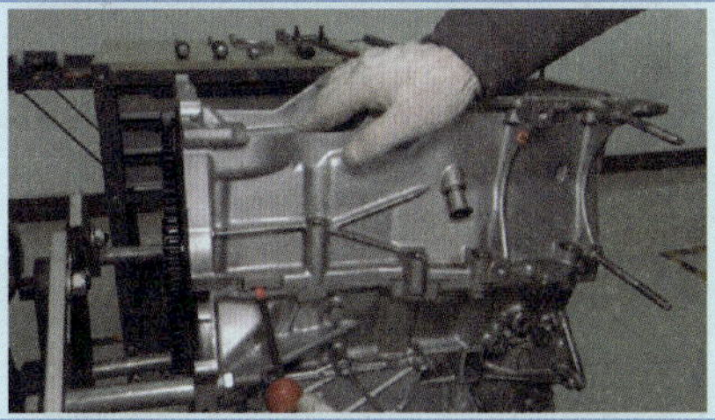	用一字旋具撬动曲轴箱和气缸体之间的部位 注意：______________
14		拆下曲轴箱

续表

序号	图示	步骤及技术要点
15		摆放好拆下的零部件并按照“5S”要求恢复场地

任务评价

项目	作业内容	评价要点	配分	评价
准备工作	场地准备	工位应干净、整洁，地面无油污	1	□
		工具车和发动机拆装台架放置于合适位置	1	□
	设备检查	检查发动机总成与发动机拆装台架是否安装牢固	2	□
		翻转发动机拆装台架，检查锁紧机构是否有效	2	□
	人员防护	工作服穿戴整齐	2	□
		拆装操作时应佩戴棉纱手套	2	□
	工具、量具检查	检查工具车中工具是否齐全，有无损坏等情况	5	□
操作	操作要点	能用工具正确拆卸油底壳和机油泵	5	□
		能按规定交替对角拧松油底壳螺栓	9	□
		能按规定交替对角拧松曲轴箱与气缸体之间的固定螺栓	8	□
		能正确使用油底壳和机油泵螺栓拆卸工具	10	□
		能使用刀片、一字旋具分离曲轴箱上下面，并整齐摆放	8	□
		能将油底壳和机油泵放置在零件车上，并整齐摆放	10	□
	技术规范	能根据规范拆卸油底壳和机油泵	5	□
		能简述油底壳和机油泵的结构与各部件的作用	5	□
		能说出油底壳和机油泵螺栓的拆卸顺序	5	□
		能正确摆放拆卸下来的各零部件	5	□
职业素养	安全及合作	特殊操作应佩戴安全帽、防酸碱手套或绝缘手套、护目镜等防护用品，油液接触皮肤应及时清洗	5	□
		能查阅维修手册并严格执行技术规范，有良好的责任心和职业道德	5	□

续表

项目	作业内容	评价要点	配分	评价
职业素养	“5S” 管理	注意操作安全，不随意放置工具、量具，不应有其他安全隐患	3	□
		能按正确步骤操作，不得损坏车辆、设备等，按环保规定处理废弃物，不可发生语言争执或肢体碰撞，避免人员受伤	2	□
总评分				

任务四 活塞连杆组的拆卸

学习目标

1. 能查阅维修手册，了解拆卸活塞连杆组的操作规范。
2. 能正确选择工具拆卸活塞连杆组。
3. 能说出拆卸活塞连杆组的操作步骤。
4. 能简述活塞连杆组的工作原理。

任务描述

一辆丰田卡罗拉1.6 L轿车进店维护保养，该车行驶超过100 000 km，客户反映车辆发动机动力明显不足，检查发动机缸压，发现第三缸缸压明显偏低，初步判断为活塞连杆组的弯曲导致。应对该车辆进行全面检查维修，本任务的主要内容是拆卸活塞连杆组。

问题1：活塞连杆组由哪些零部件组成？

____

____

问题2：拆卸活塞连杆组时有哪些注意事项？在什么情况下需要对其进行拆卸？

____

____

相关知识

活塞连杆组主要由活塞、活塞环、活塞销、连杆及连杆轴瓦等组成，活塞连杆组是发动机的传动件，将燃烧气体的压力传给曲轴，其将活塞的往复运动转变为曲轴的旋转运动，同时将作用于活塞上的力转变为曲轴对外输出的转矩，以驱动汽车车轮转动。

任务准备

1. 工具器材

操作前需要准备以下设备、工具及辅助材料等（以单工位为例）。

设备、工具及辅助材料

序号	名称	规格	数量
1	发动机	丰田卡罗拉 1.6 L	1
2	发动机拆装台架	—	1
3	指针式扭力扳手	0 ~ 300 N · m	1
4	工具车	JTC 三层	1
5	零件车	—	1
6	棉纱手套	—	2
7	木锤或橡胶锤	—	1
8	缸口铰刀	—	1

2. 分工及操作

职务	代码	姓名	工作内容
组长	A		
组员	B		
	C		
	D		
	E		

任务实施

下面以丰田卡罗拉 1.6 L 车型为例，介绍发动机活塞连杆组的拆卸方法。

序号	图示	步骤及技术要点
1		将发动机固定到专用拆装台架上

续表

序号	图示	步骤及技术要点
2		检查发动机拆装台架和工具车
3		转动发动机拆装台架手柄，使发动机平卧
4		转动曲轴
5	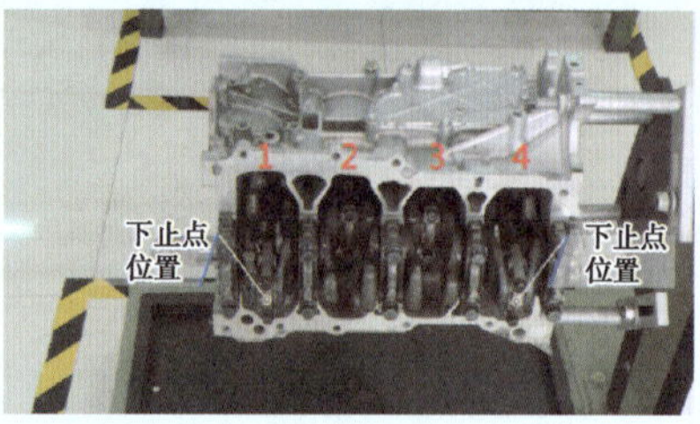	将1、4缸活塞转到__________位置
6		检查气缸口积碳是否过多或磨损过大 注意：如积碳过多或磨损较大形成台阶，应用________________________ ______，以免拆卸活塞时折断活塞环或划伤表面
7		用指针式扭力扳手分两次拧松连杆螺栓，取下连杆螺栓

续表

序号	图示	步骤及技术要点
8		取下连杆轴承盖，并按顺序放好 注意：如不能直接取下连杆轴承盖，可用橡胶锤或木锤左右敲击连杆轴承盖侧面或连杆螺栓端部
9		用锤柄从缸体上方推出 1、4 缸活塞连杆组 注意：应事先刮去气缸上的积碳，以免损坏________
10	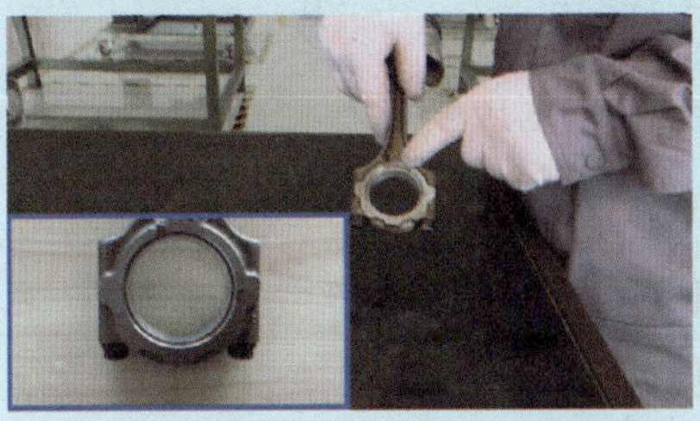	取出活塞连杆组后，应将连杆轴承盖、连杆螺栓按原位装回 注意：连杆的朝向标记和缸位标记。朝向标记应朝向曲轴带轮端。如无标记，则要做缸位标记，以防____________
11	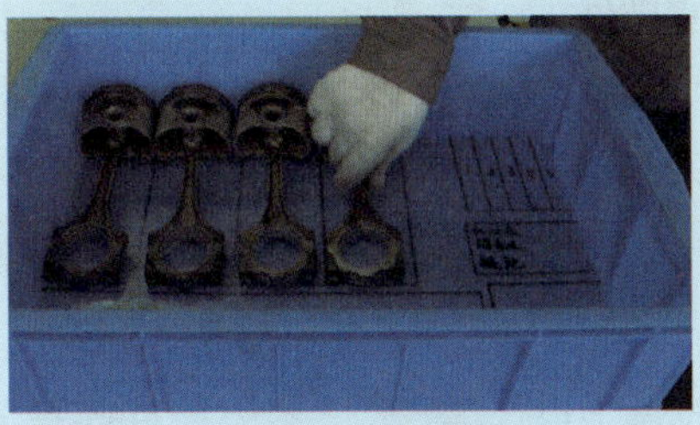	旋转曲轴至 2、3 缸下止点位置，用同样的方法拆下其他各缸活塞连杆组
12		摆放好拆下的零部件并按照“5S”要求恢复场地

任务评价

项目	作业内容	评价要点	配分	评价
准备工作	场地准备	工位应干净、整洁，地面无油污	1	□
		工具车和发动机拆装台架放置于合适位置	1	□
	设备检查	检查发动机总成与发动机拆装台架是否安装牢固	2	□
		翻转发动机拆装台架，检查锁紧机构是否有效	2	□
	人员防护	工作服穿戴整齐	2	□
		拆装操作时应佩戴棉纱手套	2	□
	工具、量具检查	检查工具车中工具是否齐全，有无损坏等情况	3	□
		翻转发动机拆装台架，检查发动机外观有无破损，零件是否缺失	2	□
操作	操作要点	能将各缸活塞转到下止点位置	5	□
		能检查气缸口积碳	9	□
		能拆卸连杆螺栓，并分两次拧松	8	□
		能使用橡胶锤或木锤取下连杆轴承盖，并摆放整齐	10	□
		能使用锤柄推出活塞连杆组，并摆放整齐	8	□
		能按维修手册正确拆卸活塞连杆组与连杆轴承盖	10	□
	技术规范	能简述活塞连杆组的拆卸顺序	5	□
		能简述活塞连杆组的结构与各部件的作用	5	□
		能简述拆卸时的注意事项	5	□
		能正确摆放拆卸下来的各零部件	5	□
职业素养	安全及合作	特殊操作应佩戴安全帽、防酸碱手套或绝缘手套、护目镜等防护用品，油液接触皮肤应及时清洗	5	□
		能查阅维修手册并严格执行技术规范，有良好的责任心和职业道德	5	□
	“5S”管理	注意操作安全，不随意放置工具、量具，不应有其他安全隐患	3	□
		能按正确步骤操作，不得损坏车辆、设备等，按环保规定处理废弃物，不可发生语言争执或肢体碰撞，避免人员受伤	2	□
总评分				

任务五

活塞连杆组的分解

学习目标

1. 能简述活塞连杆组的基本组成。
2. 能正确选择工具对活塞连杆组进行分解。
3. 能按正确的操作步骤分解活塞连杆组。

任务描述

本任务的主要内容是分解上一任务拆卸下的活塞连杆组。

问题1：活塞环有几道气环、几道油环？

____

____

问题2：在拆卸活塞销前应先拆卸什么零部件？

____

____

相关知识

活塞主要由顶部、头部和裙部三部分组成，活塞顶部的形状与燃烧室形状和压缩比大小有关。大多数汽油机活塞的头部一般采用平顶活塞，其优点是吸热面积小，制造工艺简单。现代汽车发动机活塞头部普遍采用三环短活塞，三环指上气环、下气环和油环。活塞头部以下的部分为活塞裙部。

任务准备

1. 工具器材

操作前需要准备以下设备、工具及辅助材料等（以单工位为例）。

设备、工具及辅助材料

序号	名称	规格	数量
1	活塞连杆组	丰田卡罗拉 1.6 L	1
2	活塞环拆装钳	—	1
3	工具车	JTC 三层	1
4	零件车	—	1

2. 分工及操作

职务	代码	姓名	工作内容
组长	A		
组员	B		
	C		
	D		
	E		

任务实施

下面以丰田卡罗拉 1.6 L 车型为例，介绍发动机活塞连杆组的分解方法。

序号	图示	步骤及技术要点
1	字母和数字标记朝向活塞顶 字母和数字标记朝向活塞顶	用活塞环拆装钳拆下两道气环 注意：活塞环上的__________标记应朝向活塞顶

续表

序号	图示	步骤及技术要点
2	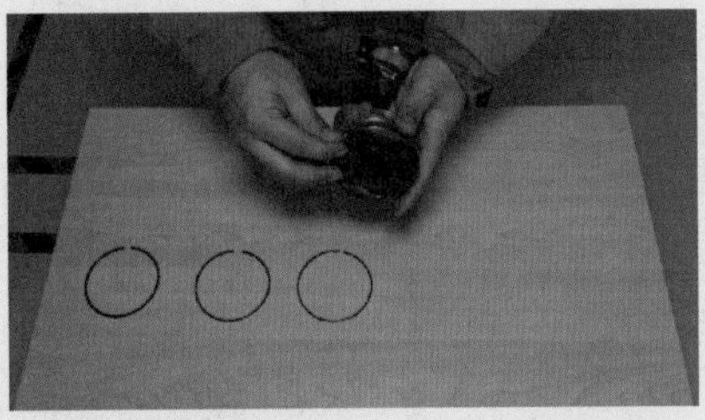	用手拆下油环刮片和油环胀圈
3	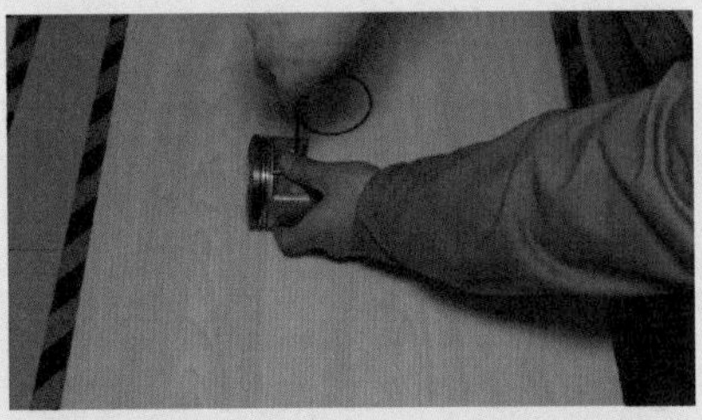	用一字旋具从活塞销孔两端取下活塞销卡环 注意：拆卸时用手挡住活塞销卡环，防止__________
4	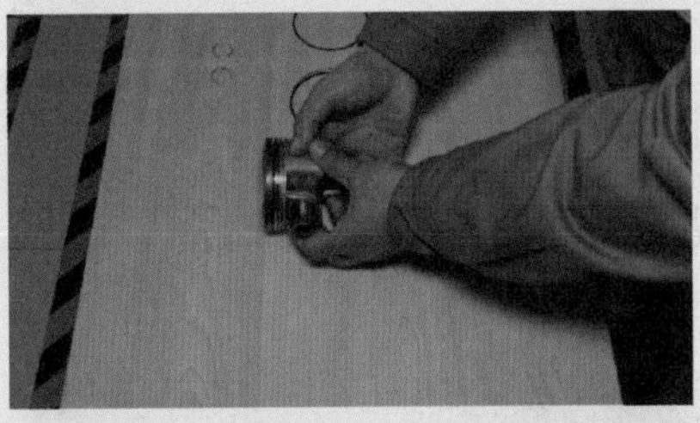	用手拆下活塞销，使活塞和连杆分离
5	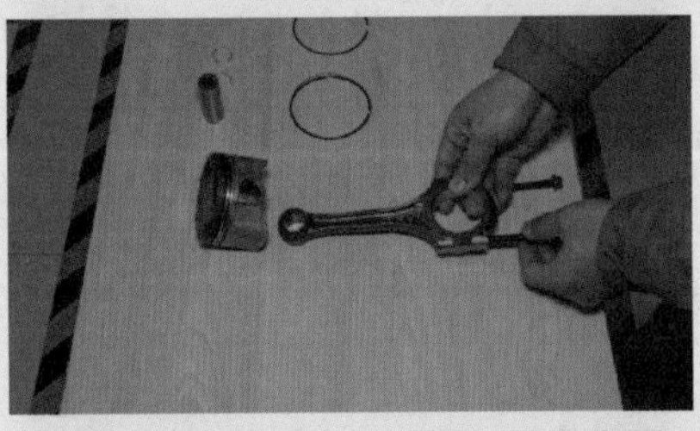	拆下连杆螺栓
6		取下连杆轴承盖和连杆轴承
7	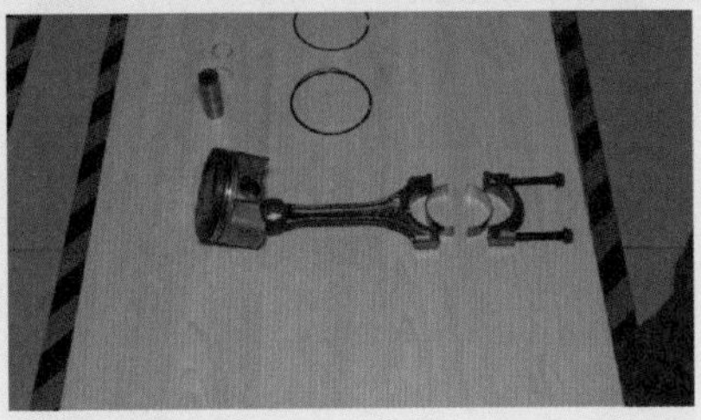	将连杆盖、连杆轴承分别放好，将__________、______分别对应其__________，不能弄错

任务评价

项目	作业内容	评价要点	配分	评价
准备工作	场地准备	工位应干净、整洁，地面无油污	1	□
		工具车应摆放在合适位置	1	□
	设备检查	摆放隔离栏	2	□
		摆放施工作业指示牌	2	□
	人员防护	工作服穿戴整齐	2	□
		拆装操作时应佩戴棉纱手套	2	□
	工具、量具检查	检查工具车中工具是否齐全，有无损坏等情况	3	□
		检查活塞环拆装钳有无脏污、损坏	2	□
操作	操作要点	能正确使用活塞环拆装钳拆卸气环	5	□
		能按规范拆卸油环刮片和胀圈	9	□
		能使用一字旋具拆卸活塞销卡环	8	□
		能正确分解连杆轴承盖及连杆轴承	10	□
		能正确摆放拆卸下来的各零部件	8	□
		能区分气环和油环的装配标记	10	□
	技术规范	能根据操作规范分解活塞连杆组	5	□
		能说出气环和油环的基本作用	5	□
		能根据维修手册规范拆卸活塞销	5	□
		能说出活塞连杆组拆卸的操作步骤	5	□
职业素养	安全及合作	特殊操作应佩戴安全帽、防酸碱手套或绝缘手套、护目镜等防护用品	5	□
		能查阅维修手册并严格执行技术规范，有良好的责任心和职业道德	5	□
	“5S”管理	注意操作安全，不随意放置工具、量具，不应有其他安全隐患	3	□
		能按正确步骤操作，不得损坏车辆、设备等，按环保规定处理废弃物，不可发生语言争执或肢体碰撞，避免人员受伤	2	□
总评分				

任务六

活塞连杆组的组装

学习目标

1. 能查阅维修手册，了解组装活塞连杆组的相关知识。
2. 能正确选择工具组装活塞连杆组。
3. 能按操作规范组装活塞连杆组。
4. 能简述活塞连杆组的功能及结构组成。

任务描述

上一任务已完成活塞连杆组的分解，本任务的主要内容是活塞连杆组的组装。

问题 1：活塞上的朝前标记是否与连杆上的朝前标记在同一侧？

____

____

问题 2：安装活塞环时需要注意哪些事项？

____

____

任务准备

1. 工具器材

操作前需要准备以下设备、工具及辅助材料等（以单工位为例）。

设备、工具及辅助材料

序号	名称	规格	数量
1	活塞连杆组	丰田卡罗拉 1.6 L	1
2	活塞环拆装钳	—	1
3	零件车	—	1
4	煤油/机油	—	适量

2. 分工及操作

职务	代码	姓名	工作内容
组长	A		
组员	B		
	C		
	D		
	E		

 任务实施

下面以丰田卡罗拉 1.6 L 车型为例，介绍发动机活塞连杆组的组装方法。

序号	图示	步骤及技术要点
1		用煤油将活塞、连杆、活塞销等零部件清洗干净，并用压缩空气吹干
2		用一字旋具将活塞销卡环安装到活塞销孔的一端，要确保卡环的端隙与活塞上的活塞销孔切口部位________
3		将活塞与连杆的________________，并使活塞与连杆的活塞销孔对齐

续表

序号	图示	步骤及技术要点
4		在活塞销及活塞销座孔上抹上______
5		用拇指将活塞销推入活塞，活塞上的__________与________上的朝前标记应在同一侧
6		使用一字旋具在活塞销孔的另一端安装一个活塞销卡环
7		在活塞销上来回移动活塞，检查活塞和活塞销间的安装情况
8		用手安装油环胀圈和油环刮片，应使其环端处于相反的两侧
9		用活塞环拆装钳将气环装入相应的活塞环槽内，气环的装配标记必须朝上

任务评价

<table>
<tr><th>项目</th><th>作业内容</th><th>评价要点</th><th>配分</th><th>评价</th></tr>
<tr><td rowspan="7">准备工作</td><td rowspan="2">场地准备</td><td>工位应干净、整洁，地面无油污</td><td>1</td><td>□</td></tr>
<tr><td>活塞及工作台应摆放在合适位置</td><td>1</td><td>□</td></tr>
<tr><td rowspan="2">设备检查</td><td>摆放隔离栏</td><td>2</td><td>□</td></tr>
<tr><td>摆放施工作业指示牌</td><td>2</td><td>□</td></tr>
<tr><td>人员防护</td><td>工作服穿戴整齐</td><td>2</td><td>□</td></tr>
<tr><td rowspan="2">工具、量具检查</td><td>检查活塞环拆装钳是否脏污、破损</td><td>3</td><td>□</td></tr>
<tr><td>检查气枪有无漏气或卡滞</td><td>2</td><td>□</td></tr>
<tr><td rowspan="10">操作</td><td rowspan="6">操作要点</td><td>能正确清洁活塞、连杆、活塞销等零部件</td><td>10</td><td>□</td></tr>
<tr><td>能按照操作规范安装活塞销及两端卡环</td><td>7</td><td>□</td></tr>
<tr><td>能在活塞销安装前，将活塞及连杆的朝前标记对齐</td><td>7</td><td>□</td></tr>
<tr><td>能检查活塞销的安装情况，确保活塞能在活塞销上自由活动</td><td>8</td><td>□</td></tr>
<tr><td>能使用活塞环拆装钳安装气环与油环</td><td>10</td><td>□</td></tr>
<tr><td>能按维修手册中活塞环对齐标准对齐油环及气环</td><td>10</td><td>□</td></tr>
<tr><td rowspan="4">技术规范</td><td>能简述活塞连杆组各零部件的安装位置</td><td>5</td><td>□</td></tr>
<tr><td>能简述活塞连杆组的功能及组成</td><td>5</td><td>□</td></tr>
<tr><td>能简述气环和油环的作用</td><td>5</td><td>□</td></tr>
<tr><td>能通过维修手册查阅组装活塞连杆组所需相关信息</td><td>5</td><td>□</td></tr>
<tr><td rowspan="4">职业素养</td><td rowspan="2">安全及合作</td><td>特殊操作应佩戴安全帽、防酸碱手套或绝缘手套、护目镜等防护用品，油液接触皮肤应及时清洗</td><td>5</td><td>□</td></tr>
<tr><td>能查阅维修手册并严格执行技术规范，有良好的责任心和职业道德</td><td>5</td><td>□</td></tr>
<tr><td rowspan="2">“5S”管理</td><td>注意操作安全，不随意放置工具、量具，不应有其他安全隐患</td><td>3</td><td>□</td></tr>
<tr><td>能按正确步骤操作，不得损坏车辆、设备等，按环保规定处理废弃物，不可发生语言争执或肢体碰撞，避免人员受伤</td><td>2</td><td>□</td></tr>
<tr><td colspan="3">总评分</td><td colspan="2"></td></tr>
</table>

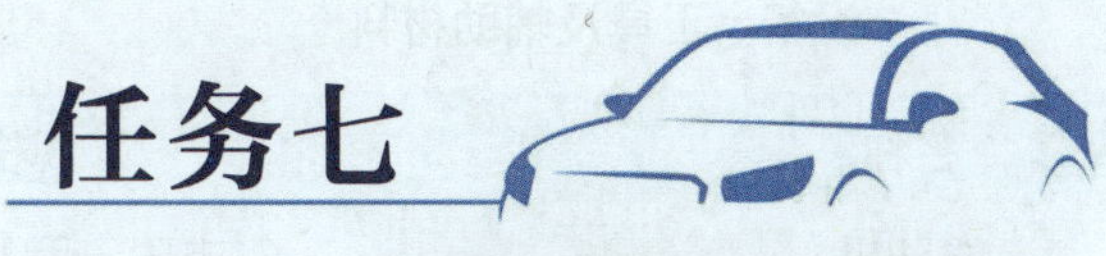

任务七 曲轴的拆卸

学习目标

1. 能查阅维修手册，了解曲轴拆卸的操作规范。
2. 能正确选择工具拆卸曲轴。
3. 能简述曲轴的功能。

任务描述

一辆丰田卡罗拉 1.6 L 轿车进店维护保养，该车行驶超过 100 000 km，客户反映由于保养不及时，车辆目前机油压力报警灯点亮且动力明显不足，怠速时伴随有异响。经检查发动机机油液量不足且机油品质变差，需对发动机全面维修。本任务的主要内容是曲轴的拆卸。

问题 1：曲轴的安装需要几组轴瓦？

____

____

问题 2：止推垫片安装在第几道轴颈座旁？

____

____

相关知识

曲轴的作用是将活塞、连杆传递来的气体力转变为转矩，以驱动汽车的传动系统、发动机的配气机构及其他辅助装置。曲轴在周期性变化的作用力、惯性力及力矩的共同作用下工作，承受弯曲和扭转的交变载荷。因此，曲轴应有足够的抗弯曲、抗扭转的疲劳强度，轴颈应有足够大的承压表面和耐磨性，曲轴的质量应较小，各轴颈处应充分润滑。

任务准备

1. 工具器材

操作前需要准备以下设备、工具及辅助材料等（以单工位为例）。

设备、工具及辅助材料

序号	名称	规格	数量
1	发动机	丰田卡罗拉 1.6 L	1
2	发动机拆装台架	—	1
3	指针式扭力扳手	0 ~ 300 N · m	1
4	工具车	JTC 三层	1
5	橡胶锤	—	1
6	零件车	—	1
7	棉纱手套	—	2

2. 分工及操作

职务	代码	姓名	工作内容
组长	A		
组员	B		
	C		
	D		
	E		

任务实施

下面以丰田卡罗拉 1.6 L 车型为例，介绍曲轴的拆卸方法。

序号	图示	步骤及技术要点
1		将发动机固定到专用拆装台架上

续表

序号	图示	步骤及技术要点
2		检查发动机拆装台架和工具车
3		用指针式扭力扳手按__________的顺序均匀地拧松主轴承盖螺栓
4		拆下 10 个主轴承盖螺栓
5		用__________左右敲击主轴承盖，松动后取出曲轴主轴承盖 注意：拆卸过程中，不要损坏主轴承盖与缸体的接触面
6	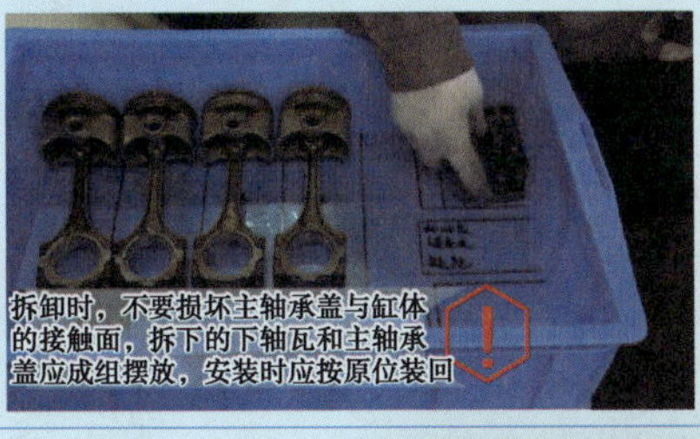 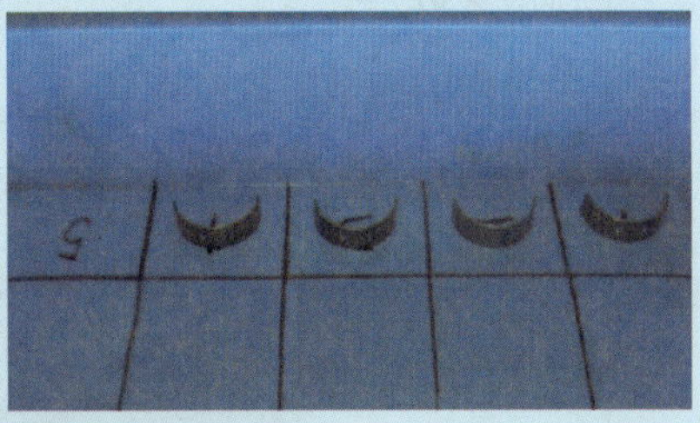	拆下的下轴瓦和主轴承盖应成组摆放，安装时应按原位装回
7		拆下曲轴

续表

序号	图示	步骤及技术要点
8		从第_________道曲轴座上取下曲轴上的止推垫片
9		从气缸体上拆下______个上轴瓦，按正确的顺序摆放好主轴承
10		摆放好拆下的零部件并按照“5S”要求恢复场地

任务评价

项目	作业内容	评价要点	配分	评价
准备工作	场地准备	工位应干净、整洁，地面无油污	1	□
		工具车和发动机拆装台架放置于合适位置	1	□
	设备检查	检查发动机总成与发动机拆装台架是否安装牢固	2	□
		翻转发动机拆装台架，检查锁紧机构是否有效	2	□
	人员防护	工作服穿戴整齐	2	□
		拆装操作时应佩戴棉纱手套	2	□
	工具、量具检查	检查工具车中工具是否齐全，有无损坏等情况	3	□
		检查指针式扭力扳手的指针是否处于零位	2	□
操作	操作要点	能按顺序拧松主轴承盖螺栓	10	□
		轴承盖较紧时，能使用橡胶锤敲击拆卸	5	□
		能将轴瓦及轴承盖成组摆放整齐	7	□
		能取下止推垫片	8	□
		能将主轴承和轴瓦按正确顺序摆放	10	□
		能正确使用指针式扭力扳手拆卸主轴承盖螺栓	5	□

续表

项目	作业内容	评价要点	配分	评价
操作	技术规范	能根据维修手册要求拆卸曲轴	5	□
		能简述各零部件的安装位置及其作用	5	□
		能简述均匀拧松主轴承盖螺栓的意义	10	□
		能正确摆放拆卸下来的各零部件	5	□
职业素养	安全及合作	特殊操作应佩戴安全帽、防酸碱手套或绝缘手套、护目镜等防护用品	5	□
		能查阅维修手册并严格执行技术规范，有良好的责任心和职业道德	5	□
	“5S”管理	注意操作安全，不随意放置工具、量具，不应有其他安全隐患	3	□
		能按正确步骤操作，不得损坏车辆、设备等，按环保规定处理废弃物，不可发生语言争执或肢体碰撞，避免人员受伤	2	□
总评分				

任务八 曲轴的装复

学习目标

1. 能查阅维修手册，了解曲轴装复的相关知识。
2. 能正确选择工具装复曲轴。
3. 能按操作规范装复曲轴。
4. 能说出曲轴的组成及分类。

任务描述

上一任务中已将曲轴拆卸下来，本任务的主要内容是曲轴的装复。

问题 1：视频中主轴承盖上的数字箭头应朝向哪里？

问题 2：曲轴安装完成后无法旋转的原因是什么？

相关知识

曲轴由若干个单元曲拐按照一定的相位连接起来，再加上前、后端轴构成。一个单元曲拐由一个曲柄销、左右两个曲柄臂和左右两个主轴颈组成。按单元曲拐连接方法不同，曲轴分为整体式和组合式；按主轴颈数，曲轴分为全支承曲轴和非全支承曲轴。单缸发动机的曲轴只有一个曲拐，多缸直列发动机曲轴的曲拐数与气缸数相同，V 形发动机曲轴的曲拐数等于气缸数的一半。

任务准备

1. 工具器材

操作前需要准备以下设备、工具及辅助材料等（以单工位为例）。

设备、工具及辅助材料

序号	名称	规格	数量
1	发动机	丰田卡罗拉 1.6 L	1
2	发动机拆装台架	—	1
3	可调式扭力扳手	20 ~ 100 N · m	1
4	工具车	JTC 三层	1
5	扭力角度规	—	1
6	零件车	—	1
7	游标卡尺	0 ~ 150 mm	1
8	煤油/机油	—	适量
9	气枪	—	1
10	橡胶锤	—	1

2. 分工及操作

职务	代码	姓名	工作内容
组长	A		
组员	B		
	C		
	D		
	E		

任务实施

下面以丰田卡罗拉 1.6 L 车型为例，介绍曲轴的装复方法。

序号	图示	步骤及技术要点
1		将发动机固定到专用拆装台架上
2		检查发动机拆装台架和工具车
3		用煤油将气缸体、曲轴、曲轴轴承等零部件清洗干净
4		用压缩空气吹干，检查缸体和曲轴是否有________
5		将主轴承的上轴瓦按拆下时的位置标记，分别装入各轴承座孔中
6	 气缸体边缘和上轴承边缘间的距离为0.7mm	用游标卡尺测量气缸体边缘和上轴承边缘间的距离为______mm 注意：不要在轴承和缸体接触表面涂抹发动机机油

续表

序号	图示	步骤及技术要点
7		用同样的方法安装其他上轴瓦
8	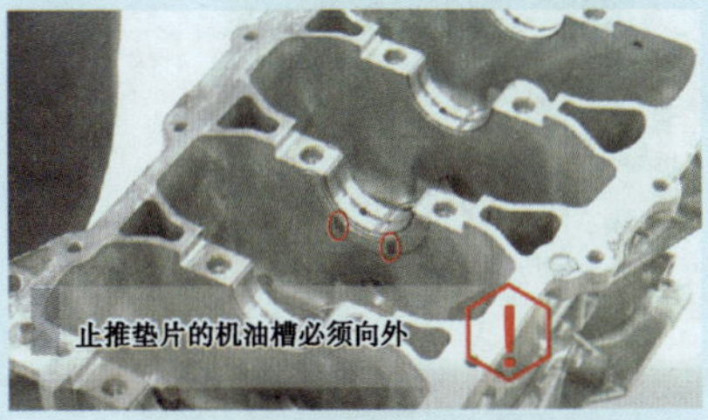	将2个止推垫片安装到气缸体的______号主轴颈上方，注意：________________________
9		在轴承和止推垫片的工作表面涂抹机油
10	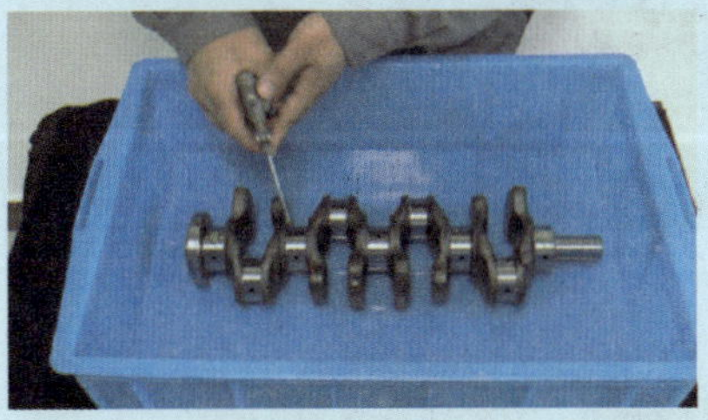	在曲轴各道主轴颈上涂抹机油
11		将曲轴装入缸体，不要碰撞主轴承，以免造成主轴承表面损伤
12	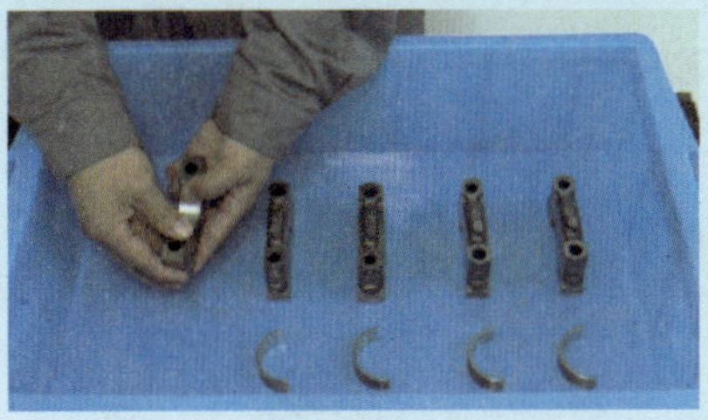	将主轴承的下轴瓦装入主轴承盖

续表

序号	图示	步骤及技术要点
13	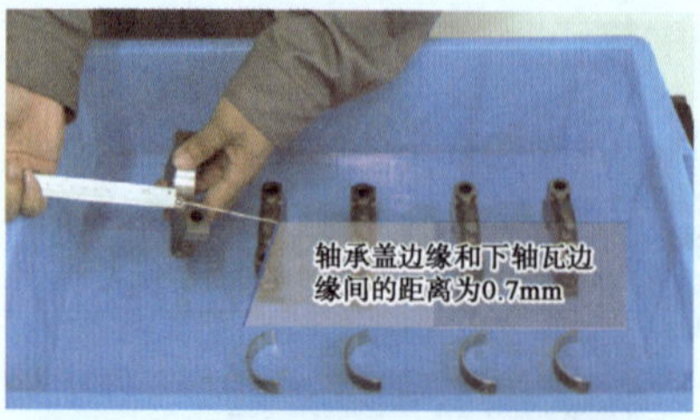	用游标卡尺测量轴承盖边缘和下轴瓦边缘间的距离为______mm
14	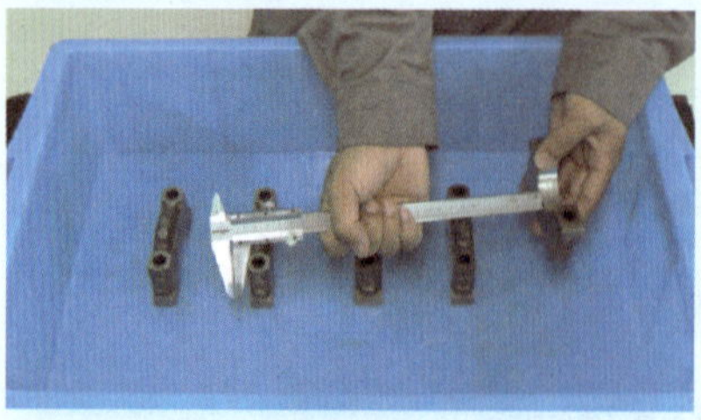	用同样的方法安装其他下轴瓦
15	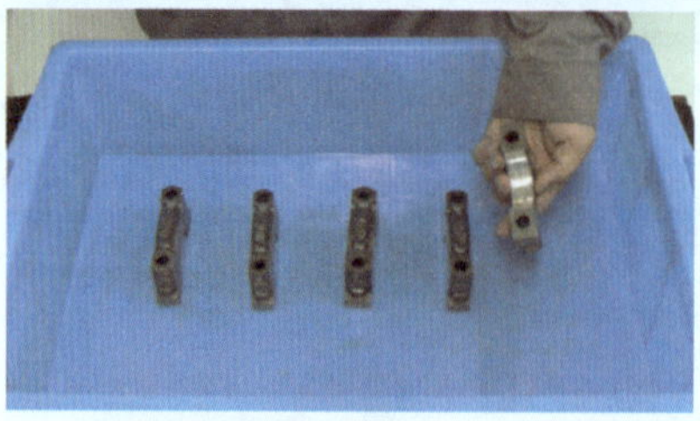	将各道主轴承盖的轴瓦内表面涂抹________
16		检查数字标记
17		将主轴承盖安装到气缸体上，并用__________敲击主轴承盖，使其入位，注意：_______________________________
18	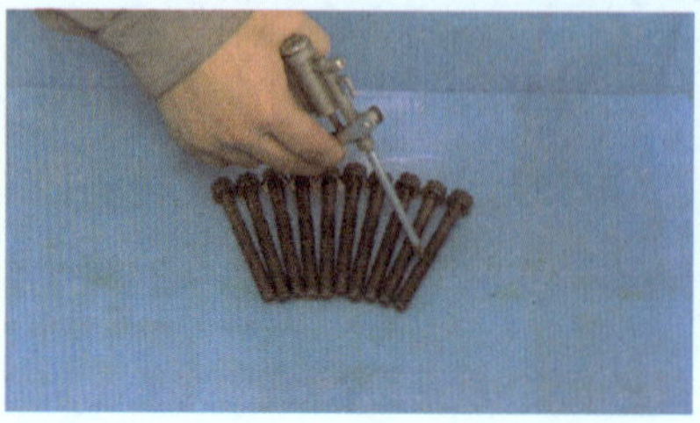	在主轴承盖螺栓的螺纹上涂抹一层机油

续表

序号	图示	步骤及技术要点
19		旋入主轴承盖螺栓
20	 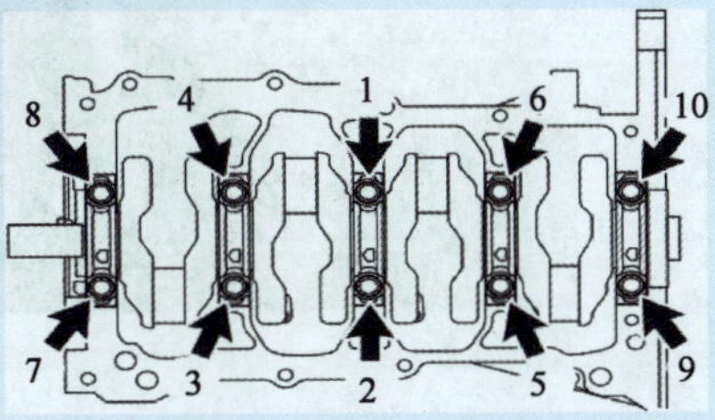	用可调式扭力扳手按 1 到 10 的顺序均匀紧固 10 个主轴承盖螺栓，扭矩为 40 N · m
21		使用扭力角度规按________的顺序将主轴承盖螺栓再紧固______
22		转动曲轴，检查转动情况 注意：每紧一道主轴承盖螺栓，都应转动曲轴几圈，转动中不得有阻滞现象，否则要查明原因，及时排除
23		用同样的方法将主轴承盖螺栓再紧固______

续表

序号	图示	步骤及技术要点
24		转动曲轴______周，检查曲轴安装是否正确
25		按照“5S”要求恢复场地

任务评价

项目	作业内容	评价要点	配分	评价
准备工作	场地准备	工位应干净、整洁，地面无油污	1	□
		工具车和发动机拆装台架放置于合适位置	1	□
	设备检查	检查发动机总成与发动机拆装台架是否安装牢固	2	□
		翻转发动机拆装台架，检查锁紧机构是否有效	2	□
	人员防护	工作服穿戴整齐	2	□
	工具、量具检查	检查工具车中工具是否齐全，有无损坏等情况	2	□
		检查扭力角度规指针是否处于零位	2	□
操作	操作要点	能正确清洁气缸体、曲轴、曲轴轴承等零部件	10	□
		能按拆下时的标记，将主轴承的上轴瓦装入各轴承座孔中	8	□
		能按正确标记安装止推垫片	7	□
		能按正确标记安装各轴颈上的主轴承盖	8	□
		能根据维修手册，正确紧固主轴承盖上的螺栓	10	□
		能正确检查曲轴转动情况，保证曲轴安装正确	10	□
	技术规范	能使用游标卡尺准确测量轴承盖边缘和下轴瓦边缘的距离	5	□
		能按各主轴承盖标记正确安装	5	□
		能查阅维修手册，按正确操作程序安装曲轴各零部件	5	□
		装配完成后能保证曲轴运转符合技术规范	5	□

续表

项目	作业内容	评价要点	配分	评价
职业素养	安全及合作	特殊操作应佩戴安全帽、防酸碱手套或绝缘手套、护目镜等防护用品，油液接触皮肤应及时清洗	5	□
		能查阅维修手册并严格执行技术规范，有良好的责任心和职业道德	5	□
	“5S”管理	注意操作安全，不随意放置工具、量具，不应有其他安全隐患	3	□
		能按正确步骤操作，不得损坏车辆、设备等，按环保规定处理废弃物，不可发生语言争执或肢体碰撞，避免人员受伤	2	□
总评分				

任务九 活塞连杆组的装复

学习目标

1. 能查阅维修手册，了解活塞连杆组装复的相关知识。
2. 能正确选择工具装复活塞连杆组。
3. 能按照操作规范装复活塞连杆组。
4. 能简述活塞连杆组的组成及安装注意事项。

任务描述

一辆丰田卡罗拉 1.6 L 轿车进店维护保养，该车行驶超过 100 000 km，客户反映车辆发动机动力明显不足，经检测发现活塞连杆弯曲，需要更换活塞连杆组。本任务的主要内容是活塞连杆组的装复。

问题 1：安装连杆轴承盖时，缸体应处于什么位置？

____

____

问题 2：各连杆轴承盖是否可以互换？

____

____

任务准备

1. 工具器材

操作前需要准备以下设备、工具及辅助材料等（以单工位为例）。

设备、工具及辅助材料

序号	名称	规格	数量
1	发动机	丰田卡罗拉 1.6 L	1
2	发动机拆装台架	—	1
3	橡胶锤	—	1
4	工具车	JTC 三层	1
5	化油器清洗剂	450 mL	1
6	零件车	—	1
7	活塞环压缩器	—	1
8	机油	适量	1
9	扭力角度规	—	1
10	指针式扭力扳手	0 ~ 300 N · m	1
11	可调式扭力扳手	0 ~ 50 N · m	1

2. 分工及操作

职务	代码	姓名	工作内容
组长	A		
组员	B		
	C		
	D		
	E		

任务实施

下面以丰田卡罗拉 1.6 L 车型为例，介绍活塞连杆组的装复方法。

序号	图示	步骤及技术要点
1		将发动机固定到专用拆装台架上
2		检查发动机拆装台架和工具车

续表

序号	图示	步骤及技术要点
3		用化油器清洗剂彻底清洗活塞连杆组各零件，并用压缩空气吹干净
4		清洁连杆________
5		转动发动机拆装台架手柄，使缸体保持竖直
6		清洁各气缸壁，并涂上________
7	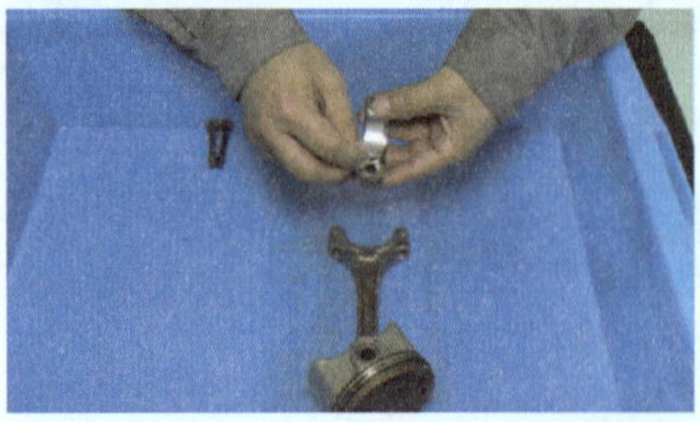	将连杆轴瓦安装到连杆和轴承盖上
8	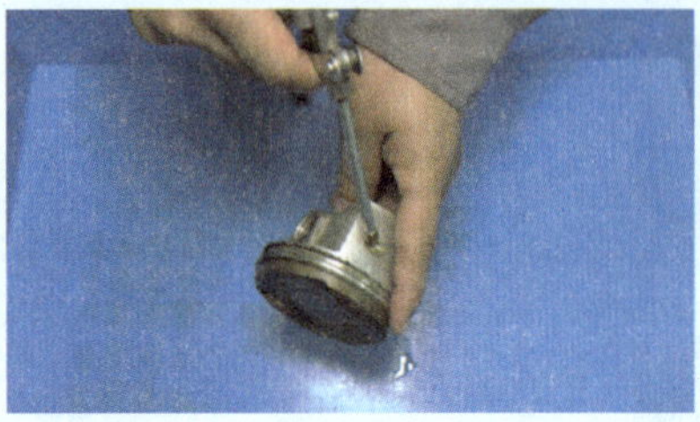	检查活塞环的开口方向是否符合维修手册要求，并在活塞环、活塞裙部、活塞销和连杆大头轴瓦表面涂上机油

续表

序号	图示	步骤及技术要点
9	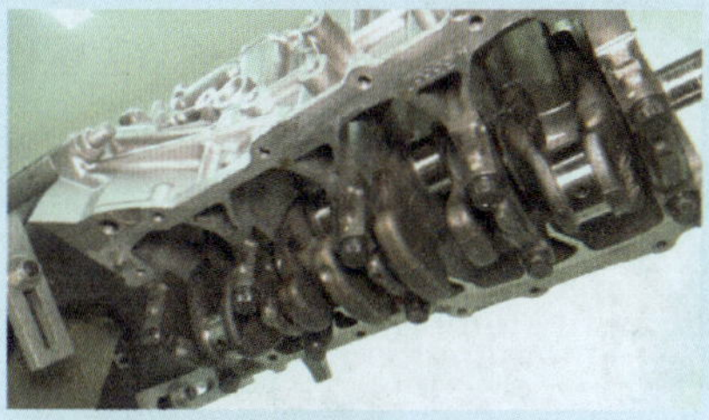	转动曲轴，使________连杆轴颈处于下方位置
10	  1缸活塞标记朝前	使1缸活塞标记朝前，用活塞环压缩器锁紧活塞环后，再用橡胶锤锤柄将相应的活塞和连杆总成压入气缸内 注意：将连杆插入活塞时，不要使其接触__________
11		当连杆大头接近曲轴轴颈时，要用手托住连杆大头，并继续压____________，使其装配到位 注意：将活塞装入气缸时，应保证活塞环和气缸壁得到充分润滑，否则发动机安装后可能会因密封不良而不能启动
12		转动发动机拆装台架，使缸体________

续表

序号	图示	步骤及技术要点
13	 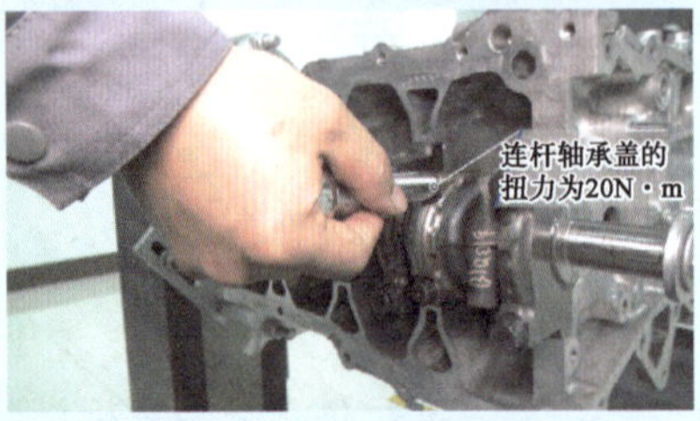	在连杆轴承盖螺栓孔内和连杆螺栓上涂抹一层薄机油。装上连杆轴承盖螺栓，并分______次交替拧紧连杆轴承盖螺栓，用可调式扭力扳手将连杆轴承盖拧紧，力矩为______N·m 注意：连杆轴承盖与连杆号应相匹配，连杆和连杆轴承盖上的组合标记要对齐，并确认连杆轴承盖的凸起部分朝向正确的方向
14		使用指针式扭力扳手和扭力角度规将连杆轴承盖螺栓再紧固______ 注意：每安装一个活塞连杆组，应转动曲轴几圈，检查并确认____________
15		以同样的方法和要求将其余各缸活塞连杆组装入相应气缸
16		全部装复后转动曲轴两周，检查活塞连杆组安装是否正确
17		按照“5S”要求恢复场地

任务评价

项目	作业内容	评价要点	配分	评价
准备工作	场地准备	工位应干净、整洁，地面无油污	1	□
		工具车和发动机拆装台架放置于合适位置	1	□
	设备检查	检查发动机及发动机拆装台架是否安装牢固	2	□
		翻转发动机拆装台架，检查锁紧机构是否有效	2	□
	人员防护	工作服穿戴整齐	2	□
	工具、量具检查	检查工具车中工具是否齐全，有无损坏等情况	3	□
		检查指针式、可调式扭力扳手及扭力角度规指针是否处于零位	2	□
操作	操作要点	能用化油器清洗剂清洁活塞连杆组各零部件	5	□
		能在各零件安装前涂抹适量机油	9	□
		能按操作规范安装活塞及活塞环	10	□
		能保证活塞安装到位	10	□
		能分 2～3 次交替拧紧连杆轴承盖螺栓	10	□
		能转动曲轴检查活塞连杆组安装正确性	8	□
	技术规范	能查阅维修手册找到活塞连杆组装复的相关技术规范	5	□
		能根据维修手册，按规定力矩及角度拧紧连杆轴承盖螺栓	5	□
		能简述各零部件的安装注意事项	5	□
		能简述各零部件的安装位置	5	□
职业素养	安全及合作	特殊操作应佩戴安全帽、防酸碱手套或绝缘手套、护目镜等防护用品，油液接触皮肤应及时清洗	5	□
		能查阅维修手册并严格执行技术规范，有良好的责任心和职业道德	5	□
	“5S”管理	注意操作安全，不随意放置工具、量具，不应有其他安全隐患	3	□
		能按正确步骤操作，不得损坏车辆、设备等，按环保规定处理废弃物，不可发生语言争执或肢体碰撞，避免人员受伤	2	□
总评分				

任务十 正时链条的装复

学习目标

1. 能简述正时链条的作用。
2. 能根据维修手册，独立完成正时链条的装复。
3. 能知道正时链条装复过程中各步骤的安装注意事项。

任务描述

一辆丰田卡罗拉 1.6 L 轿车进店维护保养，该车行驶超过 100 000 km，客户反映车辆发动机动力明显不足且抖动油耗变大，经检测发现正时链条拉长并出现跳齿现象，需要更换正时链条。本任务的主要内容是正时链条的装复。

问题 1：如何判断第一缸活塞是否处于上止点位置？

____

____

问题 2：如何对准正时标记？

____

____

相关知识

发动机正时链条的主要作用是驱动发动机的配气机构，使发动机进、排气门在适当的时候开启或关闭，以保证发动机气缸能够正常地吸气和排气。与传统的带驱动相比，链条驱动方式可靠、耐久性好，还可以节省空间。发动机正时链条系统由正时齿轮、链条和张紧装置等部件组成，其中液压张紧器可自动调节张紧力，使链条张力保持稳定，提升了发动机的安全、可靠性，还降低了其使用、维护成本。

对发动机来说，正时链条是绝对不可以发生跳齿或断裂的。一旦发生跳齿现象，发动机则不能正常工作，会出现怠速不稳、加速不良或打不着车等现象；而如果正时链条断裂，发动机就会立刻熄火，多气门发动机还会导致活塞将气门顶弯，严重时会损坏发动机整体。

任务准备

1. 工具器材

操作前需要准备以下设备、工具及辅助材料等（以单工位为例）。

设备、工具及辅助材料

序号	名称	规格	数量
1	发动机	丰田卡罗拉 1.6 L	1
2	发动机拆装台架	—	1
3	皮带轮固定扳手	—	1
4	工具车	JTC 三层	1
5	密封胶	—	适量
6	零件车	—	1
7	可调式扭力扳手	5 ~ 25 N · m、40 ~ 200 N · m	2

2. 分工及操作

职务	代码	姓名	工作内容
组长	A		
组员	B		
	C		
	D		
	E		

任务实施

下面以丰田卡罗拉轿车 1.6 L 车型为例，介绍正时链条的装复方法。

序号	图示	步骤及技术要点
1		将发动机固定到专用拆装台架上
2		检查发动机拆装台架和工具车
3		使第 1 缸活塞处于上止点位置
4		将曲轴逆时针旋转______，使第 1 缸活塞偏离__________
5		转动凸轮轴，使凸轮轴正时齿轮上的标记位于顶部 注意：转动凸轮轴时，应使______ ____________________，以免损坏气门和活塞
6		安装 1 号链条振动阻尼器，并拧紧两个固定螺栓，可调式扭力扳手扭力为______N · m

续表

序号	图示	步骤及技术要点
7		安装 2 号链条振动阻尼器，并拧紧两个固定螺栓，可调式扭力扳手扭力为______N · m
8	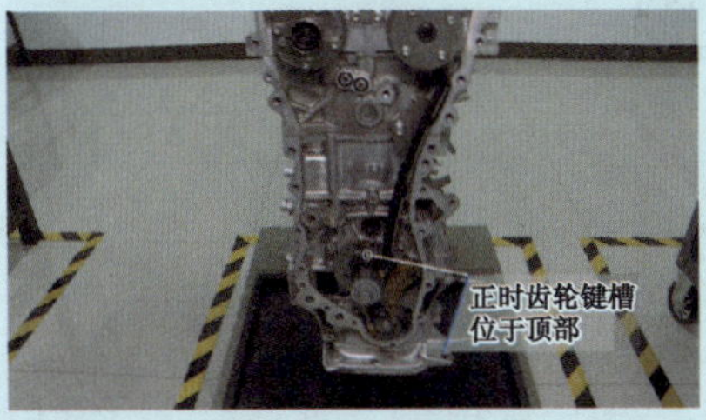 正时齿轮键槽位于顶部	顺时针转动曲轴，使正时齿轮键槽位于顶部，同时 1 号气缸活塞处于上止点
9		拆下曲轴传动带轮螺栓
10		检查排气侧凸轮轴正时齿轮上的正时标记
11	 橙色标记板和排气凸轮轴齿轮正时标记对准	将橙色标记板和排气凸轮轴齿轮正时标记对准并安装链条，将链条放置在进气侧凸轮轴正时齿轮链轮上 注意：确保使标记板位于发动机________，凸轮轴侧的标记板为橙色
12		将链条穿过 1 号振动阻尼器

续表

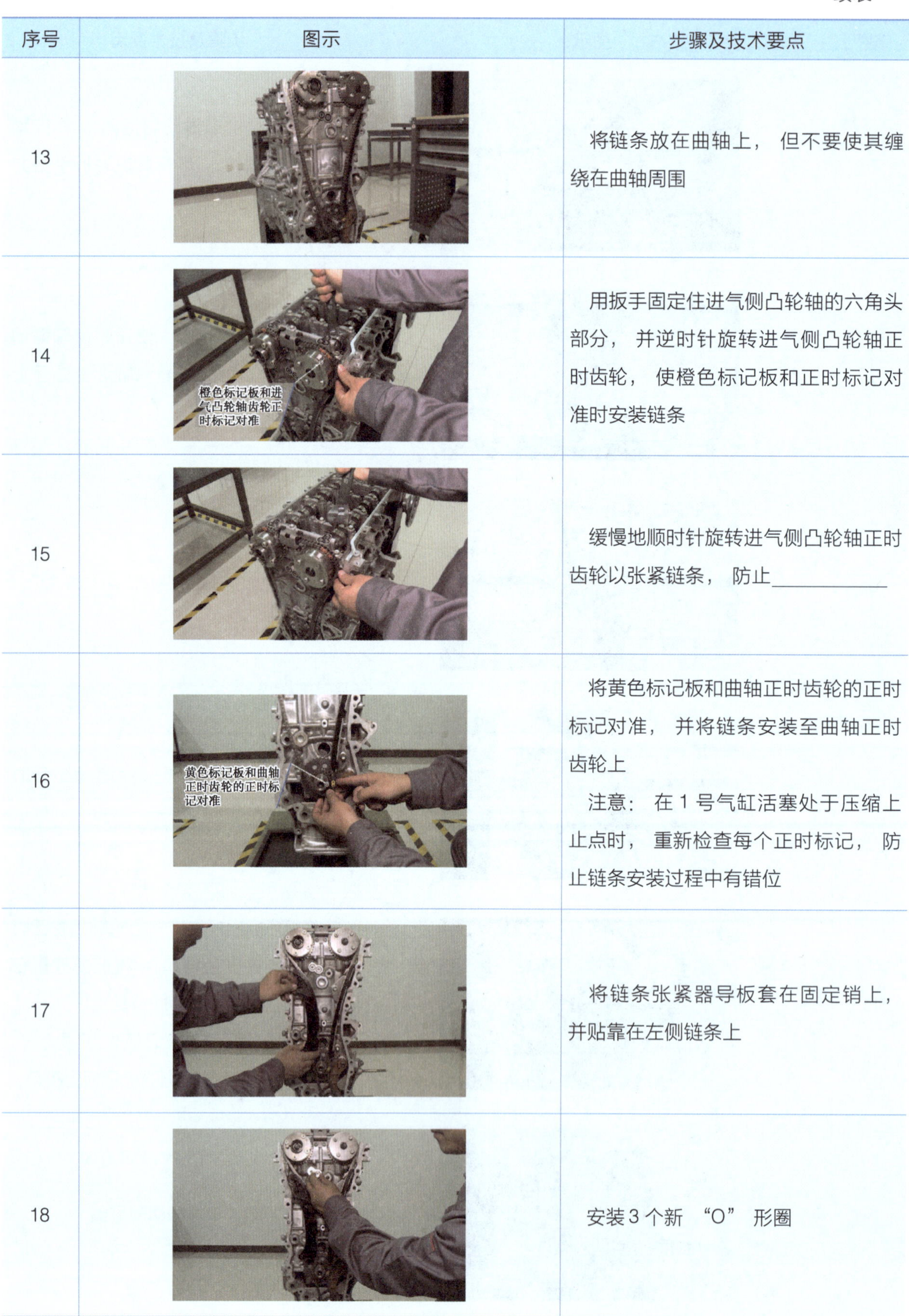

序号	图示	步骤及技术要点
13		将链条放在曲轴上，但不要使其缠绕在曲轴周围
14		用扳手固定住进气侧凸轮轴的六角头部分，并逆时针旋转进气侧凸轮轴正时齿轮，使橙色标记板和正时标记对准时安装链条
15		缓慢地顺时针旋转进气侧凸轮轴正时齿轮以张紧链条，防止__________
16		将黄色标记板和曲轴正时齿轮的正时标记对准，并将链条安装至曲轴正时齿轮上 注意：在 1 号气缸活塞处于压缩上止点时，重新检查每个正时标记，防止链条安装过程中有错位
17		将链条张紧器导板套在固定销上，并贴靠在左侧链条上
18		安装 3 个新“O”形圈

续表

序号	图示	步骤及技术要点
19		清除正时链条盖接触面上所有旧的________
20		用干净抹布擦拭所有接触面，清除所有机油及水分
21		在正时链条盖接触面上涂抹一条连续的________
22		安装正时链条盖，并按要求拧紧固定螺栓 注意：在涂抹密封胶后，3 min 内安装链条盖，并在 15 min 内紧固螺栓
23		将曲轴传动带带轮定位键对准带轮上的键槽并套在曲轴上，拧上螺栓
24		用皮带轮固定扳手固定传动带带轮并拧紧固定螺栓，可调式扭力扳手扭力为______N · m

续表

序号	图示	步骤及技术要点
25	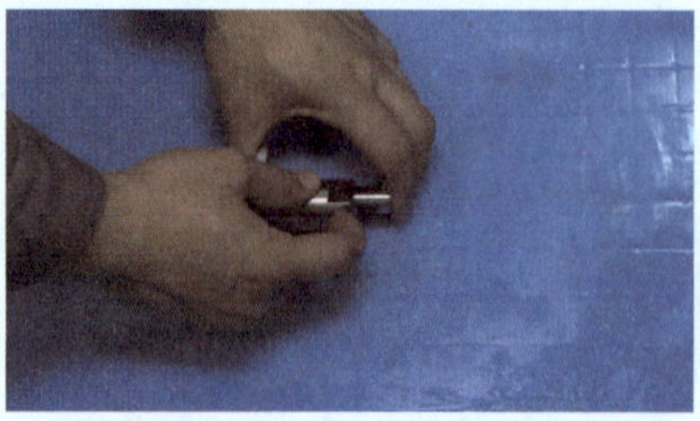	松开 1 号链条张紧器棘轮爪，完全推入柱塞，将挂钩固定在锁销上
26	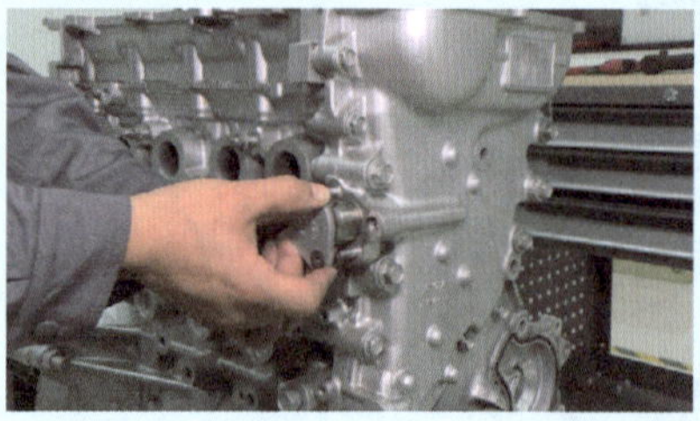	将 1 号链条张紧器装入指定位置，并拧紧螺母，扭矩为______N · m
27		逆时针转动曲轴，使 1 号链条张紧器的柱塞锁销从挂钩上断开
28		顺时针转动曲轴，检查并确认柱塞伸出
29		按照“5S”要求恢复场地

任务评价

<table>
<tr><th>项目</th><th>作业内容</th><th>评价要点</th><th>配分</th><th>评价</th></tr>
<tr><td rowspan="6">准备工作</td><td rowspan="2">场地准备</td><td>工位应干净、整洁，地面无油污</td><td>1</td><td>□</td></tr>
<tr><td>工具车和发动机拆装台架放置于合适位置</td><td>1</td><td>□</td></tr>
<tr><td rowspan="2">设备检查</td><td>检查发动机和发动机拆装台架是否安装牢固</td><td>2</td><td>□</td></tr>
<tr><td>翻转发动机拆装台架，检查锁紧机构是否有效</td><td>2</td><td>□</td></tr>
<tr><td>人员防护</td><td>工作服穿戴整齐</td><td>2</td><td>□</td></tr>
<tr><td>工具、量具检查</td><td>检查工具车中工具是否齐全，有无损坏等情况</td><td>5</td><td>□</td></tr>
<tr><td rowspan="10">操作</td><td rowspan="6">操作要点</td><td>能使凸轮轴正时齿轮上的标记位于顶部</td><td>5</td><td>□</td></tr>
<tr><td>能按规定安装链条振动阻尼器</td><td>9</td><td>□</td></tr>
<tr><td>能将标记板上的标记与正时链条标记对准安装</td><td>10</td><td>□</td></tr>
<tr><td>能将黄色标记板与曲轴正时齿轮的正时标记对准</td><td>10</td><td>□</td></tr>
<tr><td>能将正时链条盖接触面上的旧密封胶清除并涂抹新的密封胶</td><td>10</td><td>□</td></tr>
<tr><td>能安装链条张紧器并按规定力矩紧固</td><td>8</td><td>□</td></tr>
<tr><td rowspan="4">技术规范</td><td>能说出正时链条的装复步骤</td><td>5</td><td>□</td></tr>
<tr><td>能查阅维修手册找到正时链条安装相关技术规范</td><td>5</td><td>□</td></tr>
<tr><td>能按照维修手册规定的力矩拧紧各螺栓</td><td>5</td><td>□</td></tr>
<tr><td>能按维修手册规范安装正时链条盖分总成</td><td>5</td><td>□</td></tr>
<tr><td rowspan="4">职业素养</td><td rowspan="2">安全及合作</td><td>特殊操作应佩戴安全帽、防酸碱手套或绝缘手套、护目镜等防护用品，油液接触皮肤应及时清洗</td><td>5</td><td>□</td></tr>
<tr><td>能查阅维修手册并严格执行技术规范，有良好的责任心和职业道德</td><td>5</td><td>□</td></tr>
<tr><td rowspan="2">“5S”管理</td><td>注意操作安全，不随意放置工具、量具，不应有其他安全隐患</td><td>3</td><td>□</td></tr>
<tr><td>能按正确步骤操作，不得损坏车辆、设备等，按环保规定处理废弃物，不可发生语言争执或肢体碰撞，避免人员受伤</td><td>2</td><td>□</td></tr>
<tr><td colspan="3">总评分</td><td colspan="2"></td></tr>
</table>

任务十一 气门组的分解

学习目标

1. 能正确选择工具分解气门组。
2. 能按照正确顺序摆放拆卸的零部件。
3. 能简述气门组的功能。
4. 能说出分解气门组时的注意事项。

任务描述

一辆丰田卡罗拉1.6 L轿车进店维护保养，该车行驶超过100 000 km，客户反映车辆发动机动力明显不足，发动机抖动并伴随有异响，经初步检测发现气门磨损导致气门间隙过大，需要更换气门组零件。本任务的主要内容是分解气门组。

问题1：视频中是用什么工具取出气门锁片的？

问题2：在什么情况下需要分解气门组？

相关知识

从发动机结构上看，气门分为进气门和排气门。进气门的作用是将油气混合气吸入发动机气缸内并燃烧；排气门的作用是将燃烧后的废气排出并散热。

气门由气门头部和杆部组成。气门头部温度很高，承受气体的压力、气门弹簧的作用力和传动件惯性力，但其润滑、冷却条件差，因此要求气门必须有一定强度、刚度、耐热性和耐磨性。进气门一般采用合金钢（铬钢、镍铬钢），排气门一般采用耐热合金钢（硅铬钢）。气门头部的形状有平顶、球面顶和喇叭顶等，一般常用平顶。平顶气门头部结构简单、制造方便、吸热面积小、质量较小、进排气门都可以使用；球面顶气门适用于排气门，其强度高、排气阻力小、废气排放效果好，但受热面积大、质量和惯性大、加工复杂；喇叭顶气门有一定的流线形结构，可减少进气阻力，但其头部受热面积大，一般只适用于进气门。

任务准备

1. 工具器材

操作前需要准备以下设备、工具及辅助材料等（以单工位为例）。

设备、工具及辅助材料

序号	名称	规格	数量
1	发动机气缸盖	丰田卡罗拉 1.6 L	1
2	工作台	—	1
3	木块	—	2
4	气门油封拆装专用工具	—	1
5	气门弹簧压缩专用工具	—	1
6	工具车	JTC 三层	1

2. 分工及操作

职务	代码	姓名	工作内容
组长	A		
组员	B		
	C		
	D		
	E		

任务实施

下面以丰田卡罗拉 1.6 L 车型为例，介绍气门组的分解方法。

序号	图示	步骤及技术要点
1	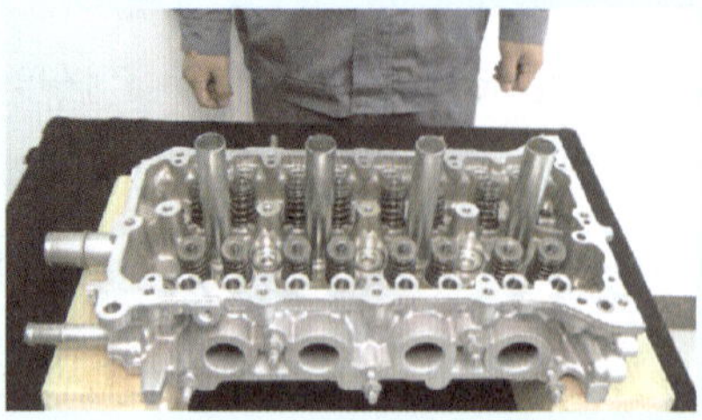	将气缸盖摆放在工作台的木块上
2		用气门弹簧压缩专用工具压缩________
3		用________取下气门锁片
4		拿掉气门弹簧压缩专用工具，取下________、________和________ 注意：取下的各缸气门按顺序摆放整齐。气门拆卸时应做好安装标记，安装时应装回原位
5	 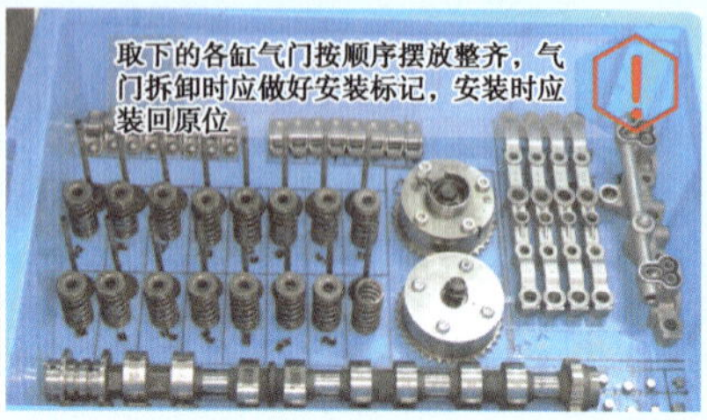	用同样的方法拆下其他各缸气门组

续表

序号	图示	步骤及技术要点
6		用气门油封拆装专用工具拆下气门油封并摆放整齐，按“5S”要求恢复场地

任务评价

项目	作业内容	评价要点	配分	评价
准备工作	场地准备	工位应干净、整洁，地面无油污	1	□
		发动机气缸盖和工作台摆放在合适位置	1	□
	设备检查	摆放隔离栏	2	□
		摆放施工作业指示牌	2	□
	人员防护	工作服穿戴整齐	2	□
	工具、量具检查	检查工具车中工具是否齐全，是否有损坏	3	□
		检查工具车中的磁性吸棒有无损坏或磁力不足	2	□
操作	操作要点	能用气门弹簧压缩专用工具压缩气门弹簧	6	□
		能用磁性吸棒安全取下气门锁片	10	□
		能取下气门弹簧座、气门弹簧和气门	8	□
		能用气门油封拆装专用工具拆下气门油封	10	□
		能将气门组各零件做好标记	10	□
		能将气门组各零件按顺序摆放	8	□
	技术规范	能简述气门油封拆装专用工具的使用方法	5	□
		能简述气门弹簧压缩专用工具的使用方法	5	□
		能正确标记各气门组	5	□
		能说出分解气门组时的基本步骤及注意事项	5	□
职业素养	安全及合作	特殊操作应佩戴安全帽、防酸碱手套或绝缘手套、护目镜等防护用品，油液接触皮肤应及时清洗	5	□
		能查阅维修手册并严格执行技术规范，有良好的责任心和职业道德	5	□

续表

项目	作业内容	评价要点	配分	评价
职业素养	“5S” 管理	注意操作安全，不随意放置工具、量具，不应有其他安全隐患	3	□
		能按正确步骤操作，不得损坏车辆、设备等，按环保规定处理废弃物，不可发生语言争执或肢体碰撞，避免人员受伤	2	□
总评分				

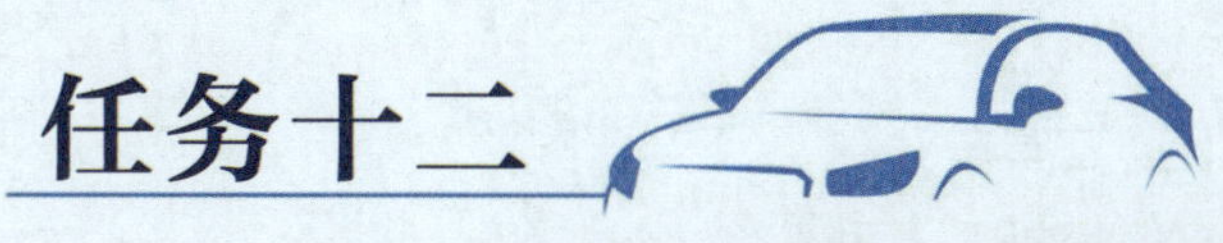

任务十二 气门组的装复

学习目标

1. 能选择合适工具对气门组进行装复。
2. 能使用专用工具安装气门油封及气门弹簧座。
3. 能简述气门组装复过程中的注意事项。

任务描述

一辆丰田卡罗拉1.6 L轿车进店维护保养，该车行驶超过100 000 km，客户反映车辆发动机动力明显不足，发动机抖动并伴随有异响，经初步检测发现气门磨损导致气门间隙过大，需要更换气门组。在完成气门组的选配后，本任务的主要内容是装复气门组。

问题1：气门油封是否可以重复使用？

____

____

问题2：进、排气门在安装时是否可以互换？

____

____

任务准备

1. 工具器材

操作前需要准备以下设备、工具及辅助材料等（以单工位为例）。

设备、工具及辅助材料

序号	名称	规格	数量
1	发动机	丰田卡罗拉 1.6 L	1
2	发动机拆装台架	—	1
3	气门油封拆装专用工具	—	1
4	气门弹簧压缩专用工具	—	1
5	化油器清洗剂	450 mL	1
6	机油	—	适量
7	工具车	JTC 三层	1
8	油脂	—	适量
9	橡胶锤	—	1

2. 分工及操作

职务	代码	姓名	工作内容
组长	A		
组员	B		
	C		
	D		
	E		

任务实施

下面以丰田卡罗拉 1.6 L 车型为例，介绍气门组的装复方法。

序号	图示	步骤及技术要点
1		将发动机固定到专用拆装台架上
2		检查发动机拆装台架和工具车

续表

序号	图示	步骤及技术要点
3		用化油器清洗剂清洗气缸盖、气门组
4	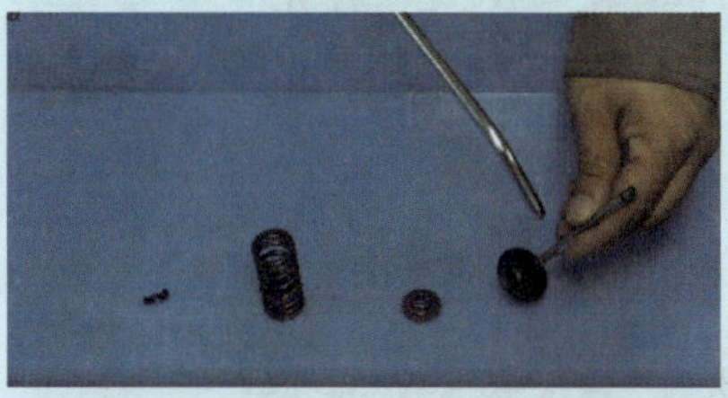	用压缩空气吹干净
5	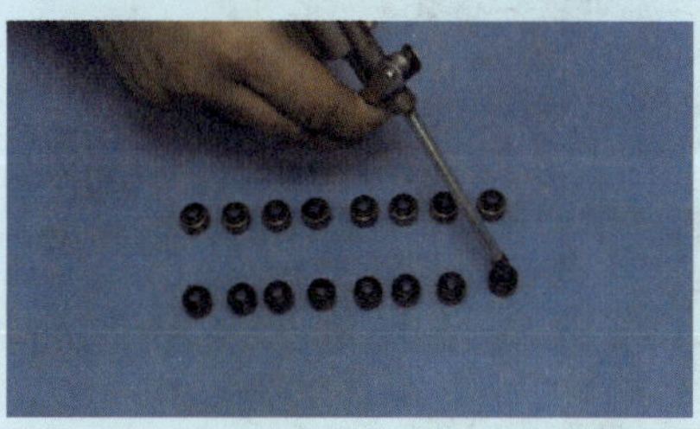	在新__________的唇部涂抹适量的机油
6	  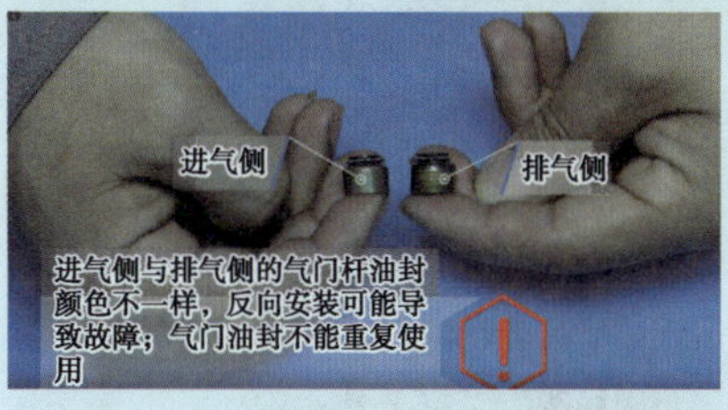	用气门油封拆装专用工具将气门油封直接推入气门导管衬套中 注意：（1）进气侧与排气侧的气门杆油封颜色不一样，反向安装可能导致故障 （2）气门油封________重复使用
7	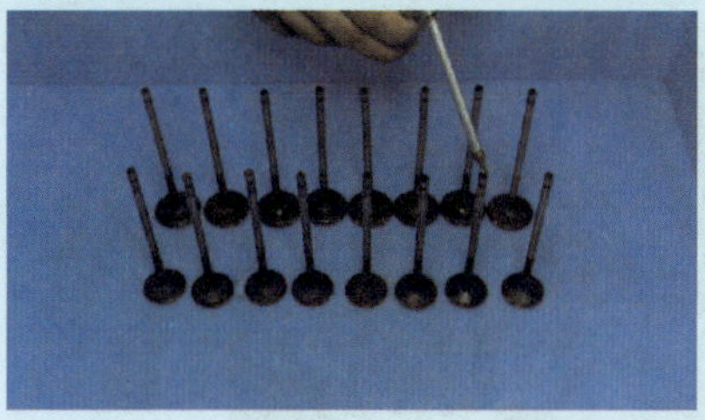	使用适量的________涂在气门杆上

续表

序号	图示	步骤及技术要点
8		将气门杆从燃烧室插入气门导管衬套中 注意：将气门按拆卸时的原位置插入气门导管，并确保气门能够__________
9		将__________和__________安装到气缸盖上
10		用气门弹簧压缩专用工具压缩气门弹簧
11	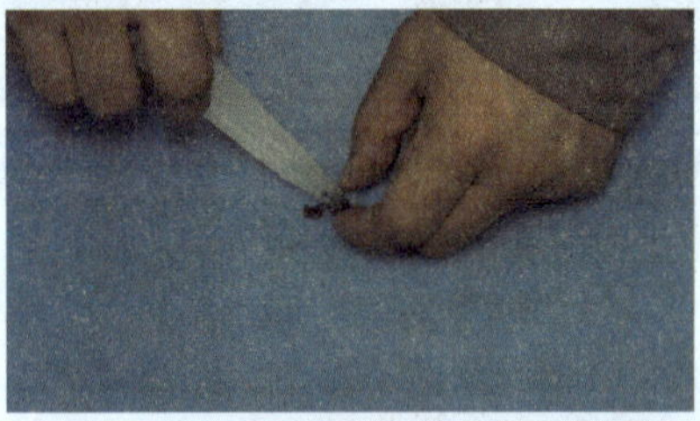	在气门锁片内部涂上一层______
12		将两个______ ______安装在____ __________中
13		松开气门弹簧压缩专用工具，使气门锁片卡紧在环槽中

续表

序号	图示	步骤及技术要点
14		用_________轻轻敲击气门杆顶端，以保证锁片锁止到位 注意：不要损坏气门杆顶部和气门弹簧座
15		用同样的方法安装其他气门组
16		按照“5S”要求恢复场地

任务评价

项目	作业内容	评价要点	配分	评价
准备工作	场地准备	工位应干净、整洁，地面无油污	1	□
		工具车和发动机拆装台架放置于合适位置	1	□
	设备检查	检查发动机是否干净、整洁，外观有无破损，零件是否缺失	2	□
		翻转发动机拆装台架，检查锁紧机构是否有效	2	□
	人员防护	工作服穿戴整齐	2	□
	工具、量具检查	检查工具车中工具是否齐全，有无损坏等情况	5	□

续表

项目	作业内容	评价要点	配分	评价
操作	操作要点	能清洁气缸盖、气门组	5	□
		能使用气门油封拆装专用工具将气门油封推入气门导管衬套中	9	□
		能使用专用工具将气门弹簧座安装到气门弹簧上	10	□
		能正确安装气门锁片	10	□
		能使用橡胶锤敲击气门顶杆，保证气门锁片锁止	10	□
		能使用同样的方法安装其他气门组	8	□
	技术规范	能分辨进气侧与排气侧的气门杆油封颜色	5	□
		能保证气门的密封性	5	□
		能保证气门锁片锁止到位	5	□
		能说出气门组装复时的注意事项	5	□
职业素养	安全及合作	特殊操作应佩戴安全帽、防酸碱手套或绝缘手套、护目镜等防护用品，油液接触皮肤应及时清洗	5	□
		能查阅维修手册并严格执行技术规范，有良好的责任心和职业道德	5	□
	“5S”管理	注意操作安全，不随意放置工具、量具，不应有其他安全隐患	3	□
		能按正确步骤操作，不得损坏车辆、设备等，按环保规定处理废弃物，不可发生语言争执或肢体碰撞，避免人员受伤	2	□
总评分				

任务十三 活塞环端隙的检测

学习目标

1. 能叙述检测活塞环端隙的意义。
2. 能正确选择塞尺对活塞环端隙进行测量。
3. 能正确记录、分析检测结果并判断活塞环端隙的大小。
4. 能正确叙述活塞环端隙检测的基本步骤和注意事项。

任务描述

一辆丰田卡罗拉 1.6 L 轿车进店维护保养，该车行驶超过 100 000 km，客户反映车辆发动机动力明显不足，发动机抖动严重且油耗异常，经初步检测发现可能是活塞环间隙过大导致，需要对活塞环进行检测。本任务的主要内容是活塞环端隙的检测。

问题 1：检测时，活塞环有标记的一面应朝哪个方向？

____

____

问题 2：活塞环端隙检测时有哪些注意事项？

____

____

相关知识

活塞环是嵌入活塞沟槽内部的金属环，气环的作用是保证气缸与活塞间的密封性，防止漏气，并且将活塞顶部吸收的大部分热量传给气缸壁，由冷却水带走；油环起布油和刮油的作用，下行时刮除气缸壁上多余的机油，上行时在气缸壁上铺涂一层均匀的油膜。活塞环是燃油发动机内部的核心部件，其与气缸、活塞、气缸壁等一起完成燃油气体的密封。

任务准备

1. 工具器材

操作前需要准备以下设备、工具及辅助材料等（以单工位为例）。

设备、工具及辅助材料

序号	名称	规格	数量
1	发动机	丰田卡罗拉 1.6 L	1
2	发动机拆装台架	—	1
3	工具车	JTC 三层	1
4	活塞	丰田卡罗拉 1.6 L	1
5	活塞环	丰田卡罗拉 1.6 L	3
6	塞尺	0.010 ~ 1 mm	1
7	刮刀	—	1
8	游标卡尺	0 ~ 150 mm	1
9	化油器清洗剂	450 mL	1
10	毛刷	—	1
11	机油	—	适量

2. 分工及操作

职务	代码	姓名	工作内容
组长	A		
组员	B		
	C		
	D		
	E		

任务实施

下面以丰田卡罗拉 1.6 L 车型发动机为例，介绍活塞环端隙的检测方法。

序号	图示	步骤及技术要点
1	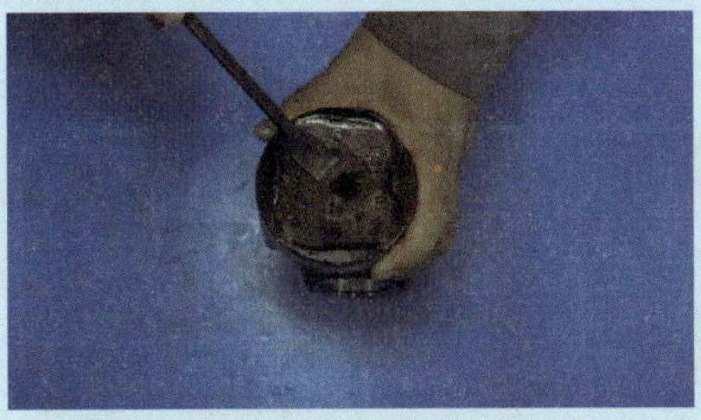	用刮刀去除活塞顶部的积碳
2		用毛刷和化油器清洗剂彻底清洁活塞、活塞环和气缸体 注意：不要使用钢丝刷清洁活塞
3	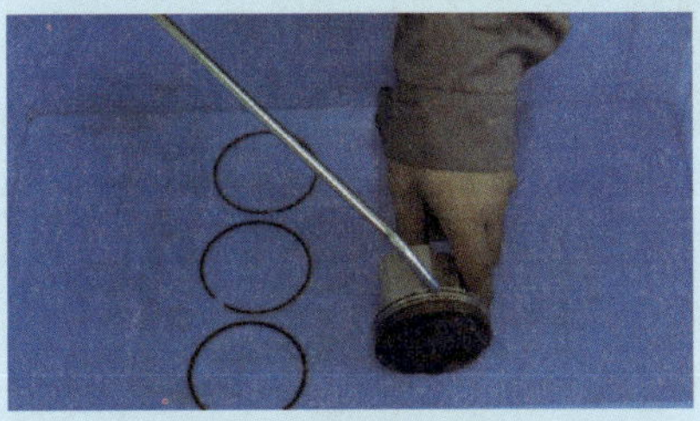	用压缩空气吹干
4	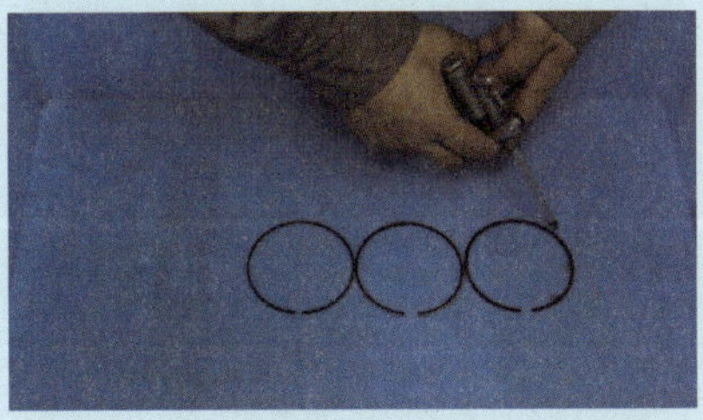	在活塞环及气缸壁上涂抹适量的机油
5	  活塞环推入行程超过50mm	用活塞从气缸体的顶部将活塞环推至规定位置，并保持活塞环水平，1ZR-FE 型发动机活塞环推入行程超过______mm（用游标卡尺确定） 注意：使用的活塞连杆组应与气缸对应，且活塞环已拆卸。活塞环有标记一面朝向____________

续表

序号	图示	步骤及技术要点
6		清洁塞尺并选择合适厚度的塞尺，插入活塞环开口处测量端隙，当遇到轻微的阻力时，读出塞尺的读数，即为活塞环的端隙
7		1 号活塞环端隙标准值为__________mm，磨损极限为 0.5 mm；2 号活塞环端隙标准值为__________mm，磨损极限为 0.7 mm；油环端隙标准值为__________mm，磨损极限为 0.7 mm 注意：如果端隙大于最大值，则更换活塞环。换上新的活塞环后，如果端隙仍大于最大值，则更换气缸体

任务评价

项目	作业内容	评价要点	配分	评价
准备工作	场地准备	工位应干净、整洁，地面无油污	1	□
		发动机拆装台架摆放在合适位置	1	□
	设备检查	检查气缸内壁是否有明显划痕或异常磨损	2	□
		检查活塞连杆组配件是否齐全	2	□
	人员防护	工作服穿戴整齐	2	□
	工具、量具检查	检查塞尺是否有损坏	3	□
		检查工具车中工具是否齐全、整洁	2	□
操作	操作要点	能用刮刀去除活塞顶部的积碳	5	□
		能清洁活塞、活塞环和气缸体	9	□
		能在活塞环及气缸壁上涂抹适量的机油，并将活塞环推至合适位置	8	□
		能选用合适的塞尺测量活塞环端隙	10	□
		能按操作规范使用塞尺	10	□
		能正确叙述活塞环端隙过大或过小对发动机的影响	10	□

续表

项目	作业内容	评价要点	配分	评价
操作	技术规范	能正确使用塞尺并读取测量数据	5	□
		能根据测量数值判断活塞环端隙是否过大或过小	5	□
		能根据维修手册查阅活塞环端隙相关参数	5	□
		能正确叙述测量时的注意事项	5	□
职业素养	安全及合作	特殊操作应佩戴安全帽、 防酸碱手套或绝缘手套、 护目镜等防护用品， 油液接触皮肤应及时清洗	5	□
		能查阅维修手册并严格执行技术规范， 有良好的责任心和职业道德	5	□
	“5S” 管理	注意操作安全， 不随意放置工具、 量具， 不应有其他安全隐患	3	□
		能按正确步骤操作， 不得损坏车辆、 设备等， 按环保规定处理废弃物， 不可发生语言争执或肢体碰撞， 避免人员受伤	2	□
总评分				

任务十四 活塞环侧隙的检测

学习目标

1. 能正确叙述活塞环的功能及分类。
2. 能正确使用塞尺对活塞环侧隙进行检测。
3. 能通过测量数据判断活塞环侧隙。
4. 能正确叙述活塞环侧隙检测的基本步骤和注意事项。

任务描述

一辆丰田卡罗拉1.6 L轿车进店维护保养，该车行驶超过100 000 km，客户反映车辆发动机动力明显不足，发动机抖动严重且油耗异常，经初步检测发现可能是活塞环间隙过大导致，需要对活塞环进行检测。本任务的主要内容是活塞环侧隙的检测。

问题1：活塞环侧隙过大或过小对车辆有哪些影响？

____

____

问题2：什么是活塞环侧隙？

____

____

相关知识

活塞环按其功用可分为气环和油环两类。气环又称压缩环，其作用是保证活塞与气缸壁之间的密封，防止气缸中的高温、高压燃气大量漏入曲轴箱，同时还将活塞顶部的热量传导到气缸壁，再由冷却液或空气带走。通常发动机每个活塞上装有2～3道气环。油环用来刮除气缸壁上多余的机油，并在气缸壁上布上一层均匀的油膜，这样既可以防止机油窜入气缸燃烧，又可以减小活塞、活塞环与气缸的磨损和摩擦阻力。活塞环的侧隙又称边隙，是环高方向上与环槽之间的间隙。第一道气环因温度高，侧隙一般为0.04～0.10 mm，其他气环的侧隙一般为0.03～0.07 mm。

任务准备

1. 工具器材

操作前需要准备以下设备、工具及辅助材料等（以单工位为例）。

设备、工具及辅助材料

序号	名称	规格	数量
1	活塞	丰田卡罗拉1.6 L	1
2	活塞环	丰田卡罗拉1.6 L	3
3	塞尺	0.010～1 mm	1
4	刮刀	—	1
5	工具车	JTC三层	1
6	毛刷	—	1
7	化油器清洗剂	450 mL	1
8	环槽清洁工具	—	1

2. 分工及操作

职务	代码	姓名	工作内容
组长	A		
组员	B		
	C		
	D		
	E		

任务实施

下面以丰田卡罗拉1.6 L车型发动机为例，介绍活塞环侧隙的检测方法。

序号	图示	步骤及技术要点
1	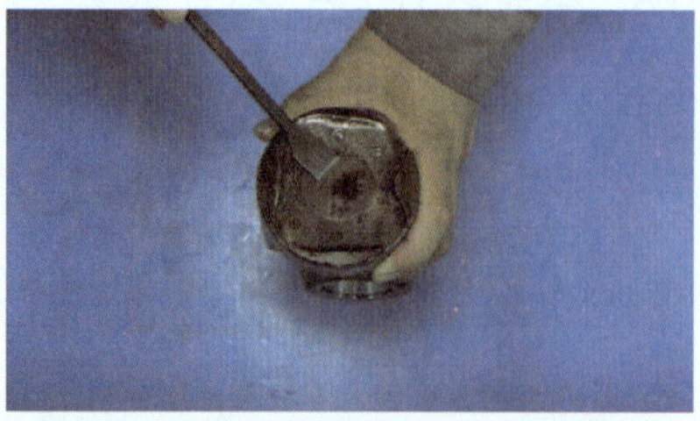	用刮刀去除活塞顶部的积碳
2	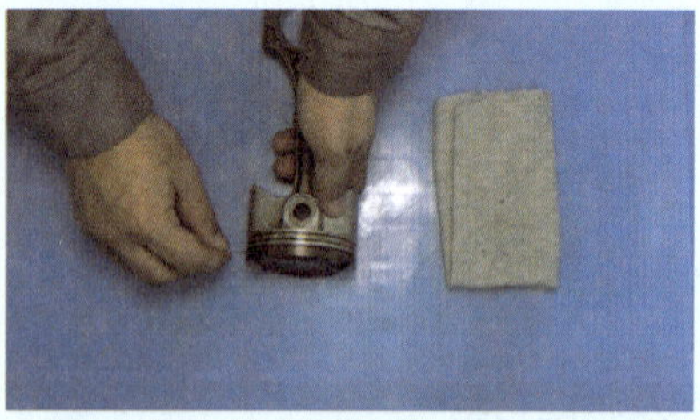	用环槽清洁工具或折断的活塞环清洁活塞环槽
3	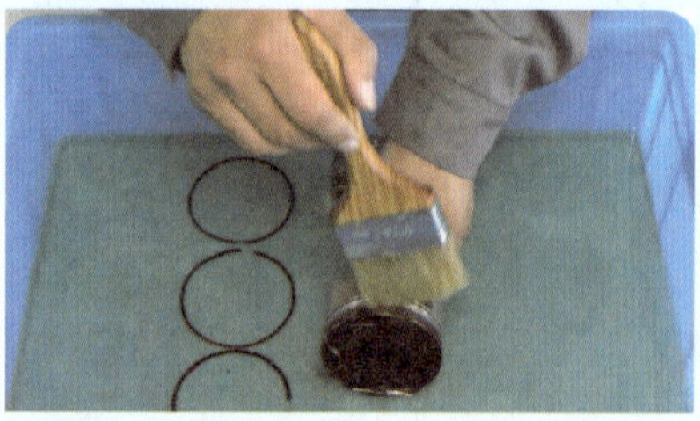	用毛刷和化油器清洗剂彻底清洁活塞、活塞环和活塞环槽
4	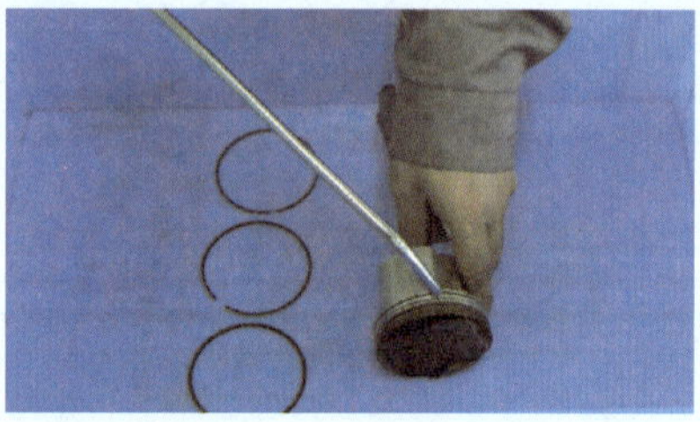	用压缩空气吹干
5	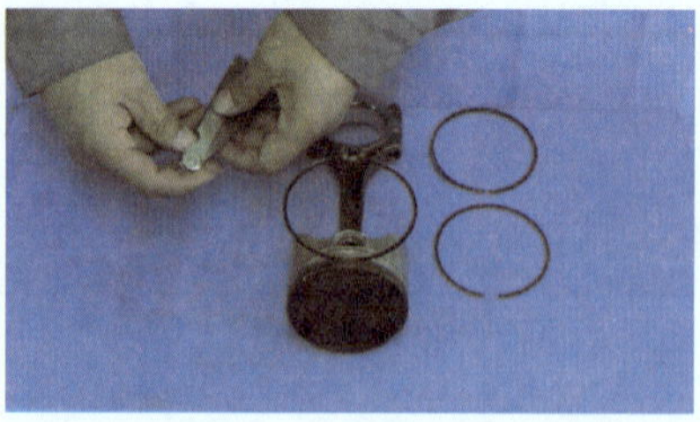	将活塞环放在对应的环槽内，活塞环有标记的一面应朝向活塞________
6	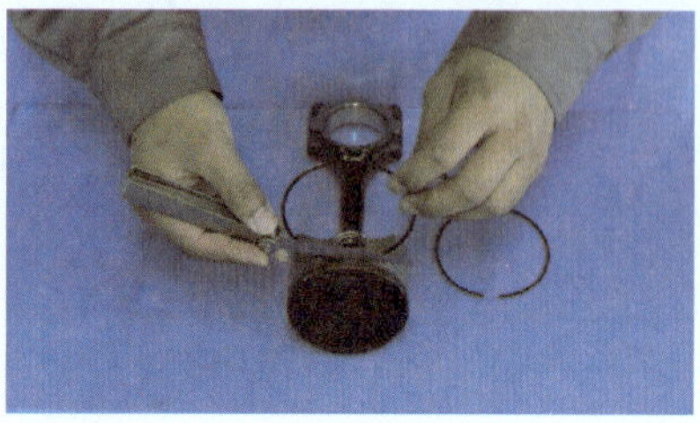	清洁塞尺并选择合适厚度的塞尺，划过活塞环与环槽的间隙，当遇到轻微的阻力时，读出塞尺的读数，即为__________

续表

序号	图示	步骤及技术要点
7		1 号活塞环侧隙标准值为 0.02 ~ 0.07 mm； 2 号活塞环侧隙标准值为 0.02 ~ 0.06 mm； 油环侧隙标准值为 0.02 ~ 0.065 mm。 如果侧隙不符合规定， 则__________ 注意： （1） 侧隙过大会________耗油量。 同时， 也是异常噪声的原因之一 （2） 侧隙过小， 则可能由于__________的原因造成______________的损坏

任务评价

项目	作业内容	评价要点	配分	评价
准备工作	场地准备	工位应干净、 整洁， 地面无油污	1	□
		塞尺和活塞摆放在合适位置	1	□
	设备检查	检查活塞环有无变形、 损坏， 零件是否缺失	4	□
	人员防护	工作服穿戴整齐	2	□
	工具、 量具检查	检查塞尺是否有损坏	3	□
		检查工具车中工具是否齐全、 整洁	2	□
操作	操作要点	能用刮刀去除活塞顶部的积碳	5	□
		能用环槽清洁工具或折断的活塞环清洁活塞环槽	9	□
		能用毛刷和化油器清洗剂彻底清洁活塞、 活塞环和活塞环槽	9	□
		能使用合适的塞尺测量	10	□
		能按操作规范使用塞尺	10	□
		能正确叙述活塞环侧隙过大或过小对发动机的影响	9	□

续表

项目	作业内容	评价要点	配分	评价
操作	技术规范	能正确使用塞尺并读取测量数据	5	□
		能根据测量数值判断活塞环侧隙是否过大或过小	5	□
		能根据维修手册查阅活塞环侧隙相关参数	5	□
		能正确叙述测量时的注意事项	5	□
职业素养	安全及合作	特殊操作应佩戴安全帽、防酸碱手套或绝缘手套、护目镜等防护用品，油液接触皮肤应及时清洗	5	□
		能查阅维修手册并严格执行技术规范，有良好的责任心和职业道德	5	□
	“5S”管理	注意操作安全，不随意放置工具、量具，不应有其他安全隐患	3	□
		能按正确步骤操作，不得损坏车辆、设备等，按环保规定处理废弃物，不可发生语言争执或肢体碰撞，避免人员受伤	2	□
总评分				

任务十五 气缸磨损的测量

学习目标

1. 能正确叙述气缸磨损的原因。
2. 能选择合适工具、量具对气缸的磨损程度进行检测。
3. 能通过测量数据判断气缸磨损程度。
4. 能正确叙述气缸磨损检测的基本步骤和注意事项。

任务描述

一辆丰田卡罗拉1.6 L轿车进店维护保养，该车行驶超过100 000 km，客户反映车辆发动机动力明显不足，发动机抖动且油耗异常，经初步检测发现可能是气缸磨损严重导致活塞与气缸之间间隙过大，需要对部分缸径进行检测。本任务的主要内容是气缸磨损量的测量。

问题1：测量气缸磨损量时用到了哪些量具？

____

____

问题2：气缸磨损的测量需要几组数据？分别是哪些？

____

____

相关知识

气缸是发动机内的圆筒形空室，其内部有一个由工作流体的压力或膨胀力推动的活塞。汽车

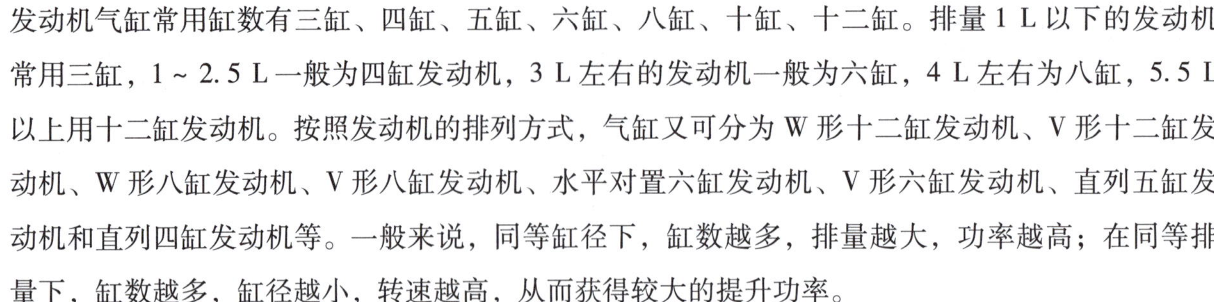

发动机气缸常用缸数有三缸、四缸、五缸、六缸、八缸、十缸、十二缸。排量 1 L 以下的发动机常用三缸，1 ~ 2.5 L 一般为四缸发动机，3 L 左右的发动机一般为六缸，4 L 左右为八缸，5.5 L 以上用十二缸发动机。按照发动机的排列方式，气缸又可分为 W 形十二缸发动机、V 形十二缸发动机、W 形八缸发动机、V 形八缸发动机、水平对置六缸发动机、V 形六缸发动机、直列五缸发动机和直列四缸发动机等。一般来说，同等缸径下，缸数越多，排量越大，功率越高；在同等排量下，缸数越多，缸径越小，转速越高，从而获得较大的提升功率。

任务准备

1. 工具器材

操作前需要准备以下设备、工具及辅助材料等（以单工位为例）。

设备、工具及辅助材料

序号	名称	规格	数量
1	发动机	丰田卡罗拉 1.6 L	1
2	发动机拆装台架	—	1
3	量缸表（含百分表）	50 ~ 160 mm	1
4	外径千分尺	75 ~ 100 mm	1
5	工具车	JTC 三层	1
6	化油器清洗剂	450 mL	1
7	零件车	—	1

2. 分工及操作

职务	代码	姓名	工作内容
组长	A		
组员	B		
	C		
	D		
	E		

任务实施

下面以丰田卡罗拉 1.6 L 车型 1ZR-FE 型发动机为例，介绍气缸磨损的测量方法。

序号	图示	步骤及技术要点
1		将发动机固定到专用拆装台架上
2		检查发动机拆装台架和工具车
3	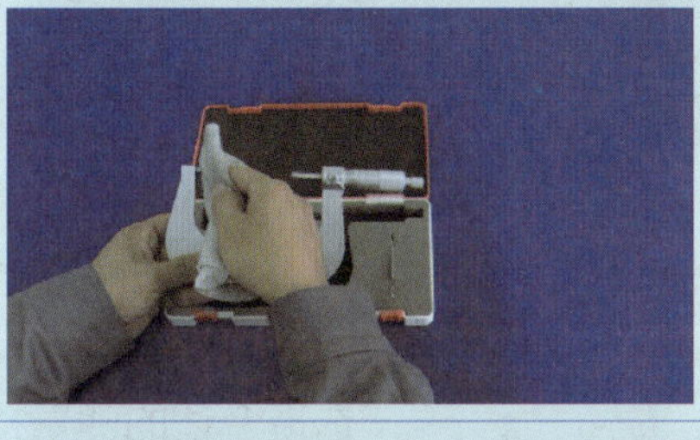	清洁外径千分尺
4	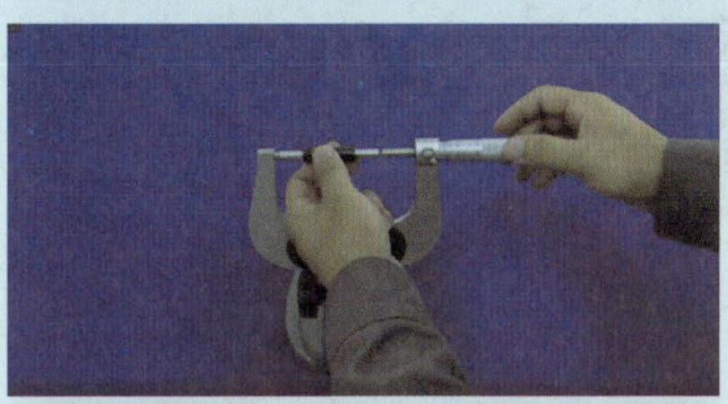 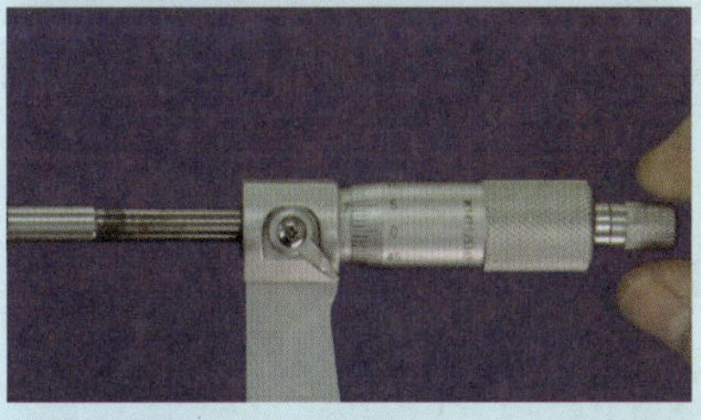	用夹具夹紧外径千分尺，对____________________
5	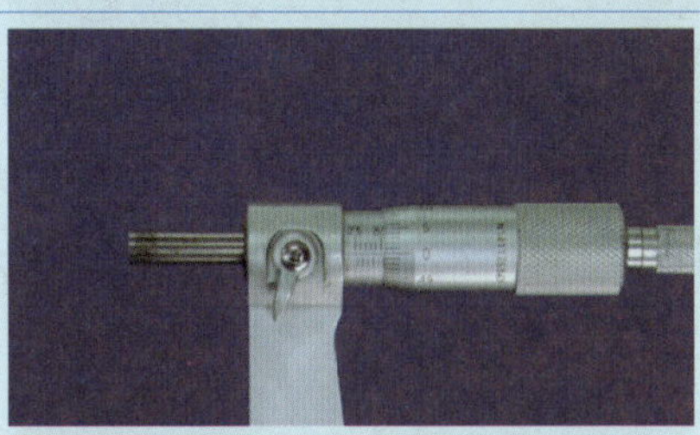	调整千分尺读数，将千分尺调整到被测气缸的标准直径，向左拨动锁紧旋钮，将千分尺锁紧 1ZR-FE 型发动机气缸的标准直径为________mm
6		清洁百分表，转动表盘，使大指针指向“0”刻度值

续表

序号	图示	步骤及技术要点
7		用手轻推百分表触头，快速松开，观察百分表大指针是否对准“0”刻度 注意：如果指针回不到原处，应更换符合要求的百分表
8	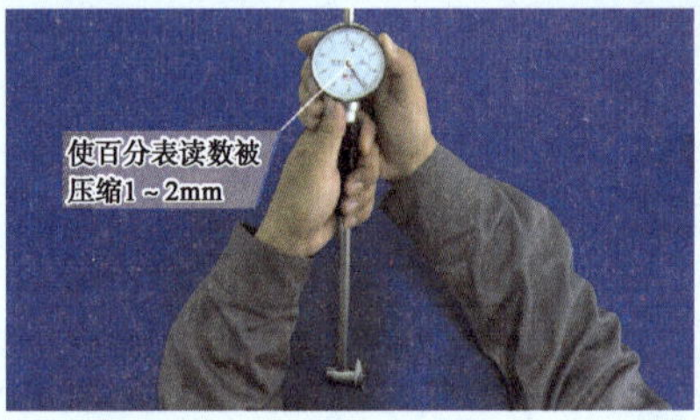	将百分表表头插入表杆上端，应使百分表读数被压缩________mm，然后锁住百分表 注意：百分表的方向应对准测量时测量者的眼睛，一般________于测量接杆
9	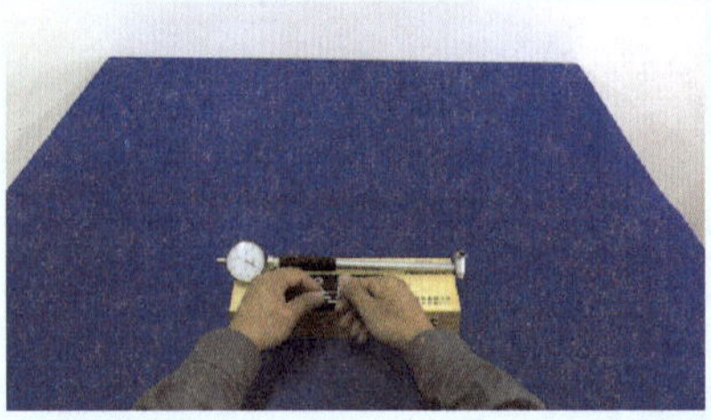	选择合适的测量接杆，先拧上锁紧螺母，测量接杆应选_________mm
10	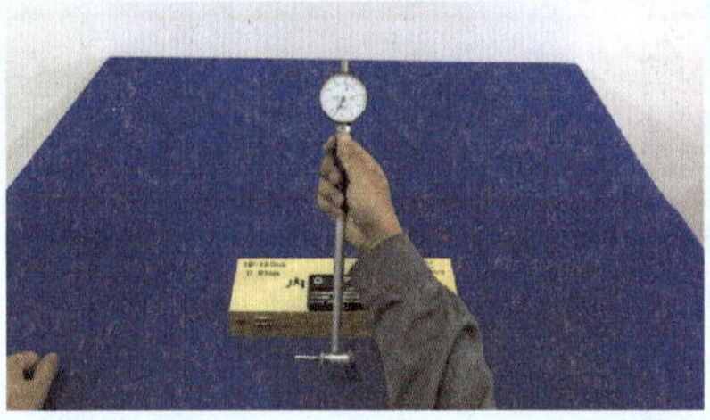	将测量接杆装到杆身上，先不用拧紧锁紧螺母
11	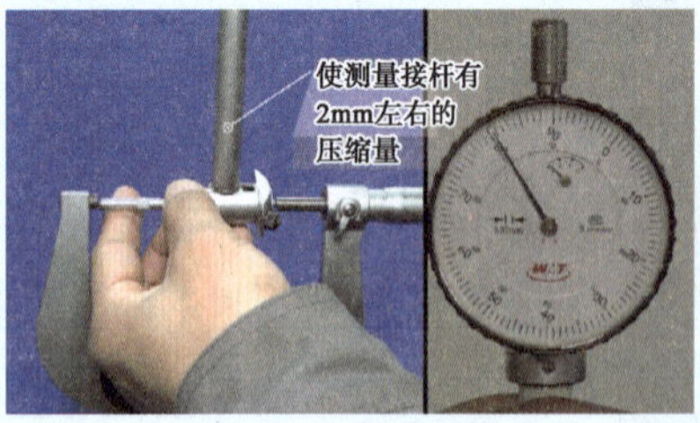	将装好的量缸表放入千分尺，转动测量接杆，使测量接杆有 2 mm 左右的压缩量，即百分表小针指在原有基础上再增加 2 mm 左右，拧紧锁紧螺母
12	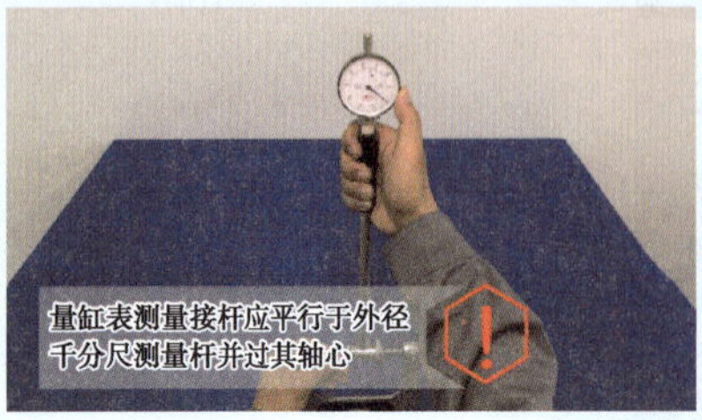	转动百分表表盘，使大指针指向“0”刻度值，完成量缸表校零 注意：____

续表

序号	图示	步骤及技术要点
13		用量缸表测量气缸时，一只手握住量缸表的隔热套，另一只手托住测量接杆使之靠近气缸，将测量接杆倾斜并稍微压缩活动测杆放入气缸内，表杆可左右微量偏摆，务必使测量接杆保持与气缸轴线________，指针指示的__________即为被测值 可通过观察百分表指针摆动情况来判断，当指针指示到最小数值时，即表示测量接杆已垂直于气缸轴线
14	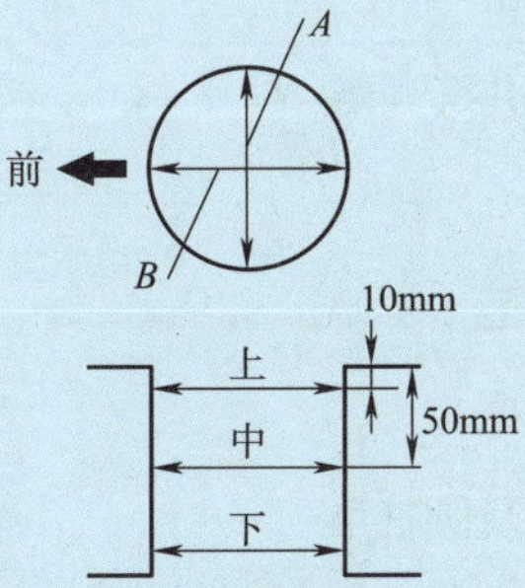 前 A B 10mm 上 中 下 50mm	测量部位要选在活塞环工作区域内，按上、中、下三个平面测量尺寸。对气缸的上、中、下三个部位进行测量，在径向平面内按需要测量，找出长轴方向的最大值 A，再在同一平面与长轴成______位置处测量短轴的最小值 B
15		气缸的磨损程度一般用圆度和圆柱度表示。量缸表在磨损最大的截面上不同方向测得的最大直径与最小直径差值的一半即为该气缸的圆度误差。测得的所有尺寸中最大直径与最小直径差值的一半即为气缸的圆柱度误差。1ZR-FE 型发动机的圆度和圆柱度均不得大于0. 067 mm
16		按照“5S”要求恢复场地

任务评价

<table>
<tr><th>项目</th><th>作业内容</th><th>评价要点</th><th>配分</th><th>评价</th></tr>
<tr><td rowspan="7">准备工作</td><td rowspan="2">场地准备</td><td>工位应干净、整洁，地面无油污</td><td>1</td><td>□</td></tr>
<tr><td>工具车和发动机拆装台架放置于合适位置</td><td>1</td><td>□</td></tr>
<tr><td rowspan="2">设备检查</td><td>检查发动机和发动机拆装台架是否安装牢固</td><td>2</td><td>□</td></tr>
<tr><td>翻转发动机拆装台架，检查锁紧机构是否有效</td><td>2</td><td>□</td></tr>
<tr><td>人员防护</td><td>工作服穿戴整齐</td><td>2</td><td>□</td></tr>
<tr><td rowspan="2">工具、量具检查</td><td>检查工具车中工具是否齐全，有无损坏等情况</td><td>3</td><td>□</td></tr>
<tr><td>检查外径千分尺是否有损坏</td><td>2</td><td>□</td></tr>
<tr><td rowspan="10">操作</td><td rowspan="6">操作要点</td><td>能将千分尺调整到被测气缸的标准直径（80.500 mm）</td><td>6</td><td>□</td></tr>
<tr><td>能选择合适的测量接杆，并对量缸表校零</td><td>10</td><td>□</td></tr>
<tr><td>能按操作规范使用量缸表测量气缸</td><td>8</td><td>□</td></tr>
<tr><td>能按气缸上、中、下三个平面进行测量</td><td>10</td><td>□</td></tr>
<tr><td>能正确读取量缸表数值</td><td>10</td><td>□</td></tr>
<tr><td>能正确叙述量缸表使用的操作规范</td><td>8</td><td>□</td></tr>
<tr><td rowspan="4">技术规范</td><td>能正确使用量缸表并读取测量数据</td><td>5</td><td>□</td></tr>
<tr><td>能根据测量数值计算气缸的圆度及圆柱度</td><td>5</td><td>□</td></tr>
<tr><td>能查阅维修手册，找到气缸磨损相关参数</td><td>5</td><td>□</td></tr>
<tr><td>能说出测量时的注意事项</td><td>5</td><td>□</td></tr>
<tr><td rowspan="4">职业素养</td><td rowspan="2">安全及合作</td><td>特殊操作应佩戴安全帽、防酸碱手套或绝缘手套、护目镜等防护用品，油液接触皮肤应及时清洗</td><td>5</td><td>□</td></tr>
<tr><td>能查阅维修手册并严格执行技术规范，有良好的责任心和职业道德</td><td>5</td><td>□</td></tr>
<tr><td rowspan="2">“5S”管理</td><td>注意操作安全，不随意放置工具、量具，不应有其他安全隐患</td><td>3</td><td>□</td></tr>
<tr><td>能按正确步骤操作，不得损坏车辆、设备等，按环保规定处理废弃物，不可发生语言争执或肢体碰撞，避免人员受伤</td><td>2</td><td>□</td></tr>
<tr><td colspan="3">总评分</td><td colspan="2"></td></tr>
</table>

任务十六 曲轴弯曲的检测

学习目标

1. 能正确叙述曲轴弯曲的原因。
2. 能选择合适工具、量具对曲轴弯曲进行检测。
3. 能通过测量数据判断曲轴弯曲度。
4. 能正确叙述曲轴弯曲检测的基本步骤和注意事项。

任务描述

一辆丰田卡罗拉1.6 L轿车进店维护保养，该车行驶超过100 000 km，客户反映车辆发动机动力明显不足，发动机抖动，经初步检测发现可能是曲轴弯曲导致的抖动，需要对曲轴弯曲度进行检测。本任务的主要内容是曲轴弯曲度的检测。

问题1：测量曲轴时，V形块应放置在第几道主轴颈？

____

____

问题2：什么是曲轴的弯曲度？

____

____

相关知识

曲轴是发动机的核心零件之一，曲轴如果出现了故障，发动机也将无法正常工作。曲轴弯曲是曲轴常见的损伤之一。曲轴弯曲变形后若继续使用，将加速曲轴连杆机构的磨损，甚至使曲轴产生裂纹和断裂。因此，在发动机修理中，必须对其弯曲程度进行检测。

任务准备

1. 工具器材

操作前需要准备以下设备、工具及辅助材料等（以单工位为例）。

设备、工具及辅助材料

序号	名称	规格	数量
1	曲轴	丰田卡罗拉 1.6 L	1
2	V 形块	—	2
3	百分表、 磁性表座	0 ~ 10 mm	1
4	检测平板	—	1
5	化油器清洗剂	450 mL	1
6	工具车	JTC 三层	1

2. 分工及操作

职务	代码	姓名	工作内容
组长	A		
组员	B		
	C		
	D		
	E		

任务实施

下面以丰田卡罗拉 1.6 L 车型为例，介绍曲轴弯曲的检测方法。

序号	图示	步骤及技术要点
1		将 V 形块放置在检测平板上

续表

序号	图示	步骤及技术要点
2	 第5道主轴颈　第1道主轴颈	将曲轴第______道、第______道主轴颈放置在V形块上
3	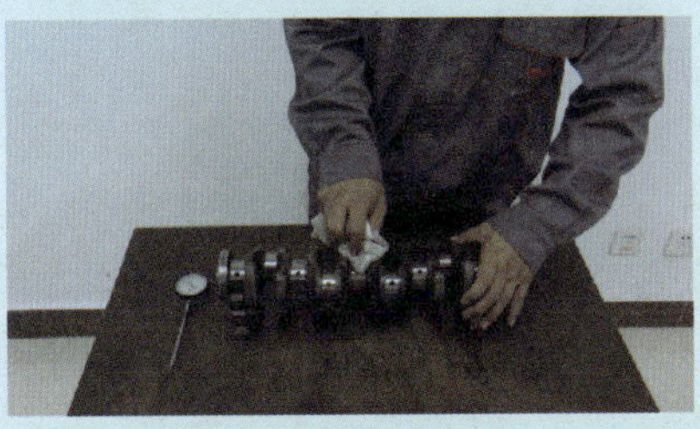	清洁曲轴第3道主轴颈及百分表
4		将百分表测头放置在____________________上
5		将百分表测量杆垂直于检测平板，且避开主轴颈的油孔位置
6	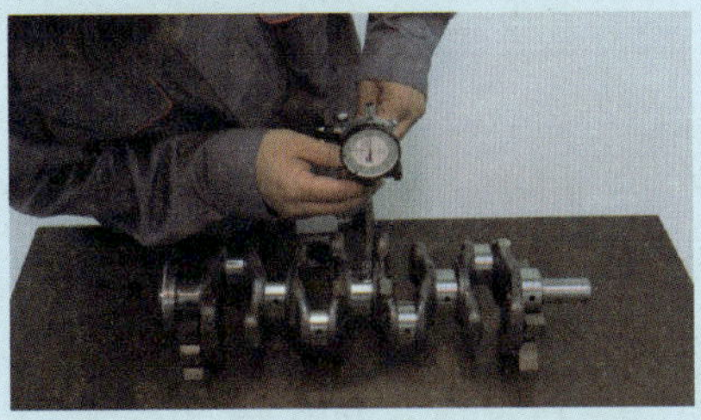	调整磁性表座的螺母，使百分表测头接触主轴颈
7	 使百分表表头接触主轴颈，并向下压1～2mm	将百分表表头向下压________mm，然后紧固，百分表大指针转动一圈为______mm，小指针转动______格为1 mm

续表

序号	图示	步骤及技术要点
8	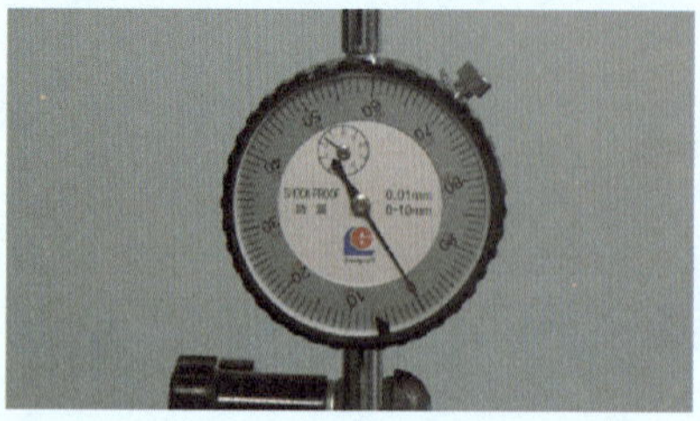	旋转百分表刻度盘，使大指针指向“______”刻度
9		旋转曲轴超过一圈，观察百分表读数，百分表最大摆动量的一半即为曲轴弯曲度。1ZR-FE 型发动机曲轴的弯曲度不得大于________mm
10		按照“5S”要求恢复场地

任务评价

项目	作业内容	评价要点	配分	评价
准备工作	场地准备	工位应干净、整洁，地面无油污	1	□
		工具车和检测平板摆放在合适位置	1	□
	设备检查	检查曲轴外观有无破损、开裂	2	□
		检查检测平板是否摆放稳固、整洁	2	□
	人员防护	工作服穿戴整齐	2	□
	工具、量具检查	检查工具车中工具是否齐全，有无损坏等情况	3	□
		检查百分表指针是否能灵活转动	2	□

续表

项目	作业内容	评价要点	配分	评价
操作	操作要点	能将曲轴第 1 道和第 5 道主轴颈摆放在 V 形块上	6	□
		能清洁曲轴第三道主轴颈	9	□
		能清洁并对百分表校零	9	□
		能安装百分表及磁性表座	10	□
		能将百分表表头对准主轴颈测量位置，并向下压 1 ~ 2 mm	10	□
		能正确读取百分表读数	8	□
	技术规范	能正确使用百分表并读取测量数据	5	□
		能根据测量数据判断曲轴的弯曲程度	5	□
		能根据维修手册查阅曲轴弯曲度的相关参数	5	□
		能说出测量时的注意事项	5	□
职业素养	安全及合作	特殊操作应佩戴安全帽、防酸碱手套或绝缘手套、护目镜等防护用品，油液接触皮肤应及时清洗	5	□
		能查阅维修手册并严格执行技术规范，有良好的责任心和职业道德	5	□
	“5S”管理	注意操作安全，不随意放置工具、量具，不应有其他安全隐患	3	□
		能按正确步骤操作，不得损坏车辆、设备等，按环保规定处理废弃物，不可发生语言争执或肢体碰撞，避免人员受伤	2	□
总评分				

任务十七 曲轴磨损的检测

学习目标

1. 能说出曲轴磨损检测的意义。
2. 能选择合适工具、量具对曲轴磨损进行检测。
3. 能通过测量数据判断曲轴磨损程度。
4. 能说出曲轴磨损检测的基本步骤和注意事项。

任务描述

一辆丰田卡罗拉 1.6 L 轿车进店维护保养，该车行驶超过 100 000 km，客户反映车辆发动机动力明显不足，发动机抖动，经初步检测发现可能是驾驶员平时开车起步过猛，导致曲轴磨损严重，需要对曲轴磨损进行检测。本任务的主要内容是曲轴磨损程度的检测。

问题 1：应用什么量具进行曲轴磨损检测？

____

____

问题 2：简述曲轴磨损的原因及曲轴磨损检测过程中的注意事项。

____

____

相关知识

曲轴的作用是把活塞连杆组传来的气体压力转变为扭矩对外输出，并驱动配气机构及其他附属装置。曲轴大多采用优质中碳钢、中合金碳钢或球墨铸铁等铸造而成。曲轴的结构包括前端轴、主轴颈、连杆轴颈、曲柄、平衡重、后端轴等，并且在其中有贯穿主轴颈、曲柄和连杆轴颈的油道，以便润滑主轴颈和连杆轴颈。曲轴在使用中会受到各种力的作用，因此会有一定的磨损，不同的部位有不同的磨损特点。

任务准备

1. 工具器材

操作前需要准备以下设备、工具及辅助材料等（以单工位为例）。

设备、工具及辅助材料

序号	名称	规格	数量
1	曲轴	丰田卡罗拉 1.6 L	1
2	V 形块	—	2
3	外径千分尺	25 ~ 50 mm	1
4	检测平板	—	1
5	化油器清洗剂	450 mL	1
6	工具车	JTC 三层	1
7	毛刷	—	1

2. 分工及操作

职务	代码	姓名	工作内容
组长	A		
组员	B		
	C		
	D		
	E		

任务实施

下面以丰田卡罗拉 1.6 L 车型为例，介绍曲轴磨损的检测方法。

序号	图示	步骤及技术要点
1		用毛刷和化油器清洗剂彻底清洁曲轴

续表

序号	图示	步骤及技术要点
2	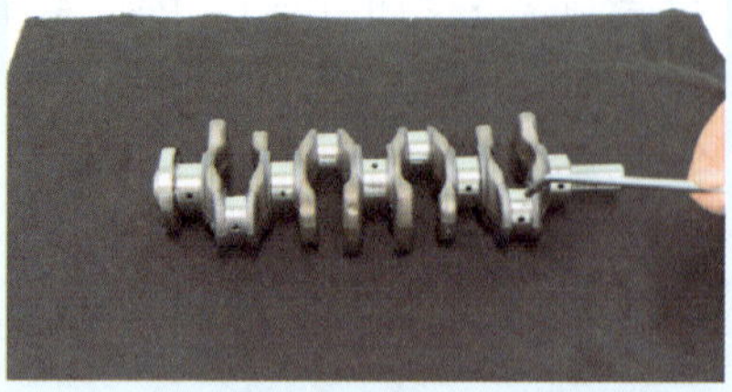	用压缩空气吹干 注意：重点清洁________部分，不可有毛刺、机油等异物
3	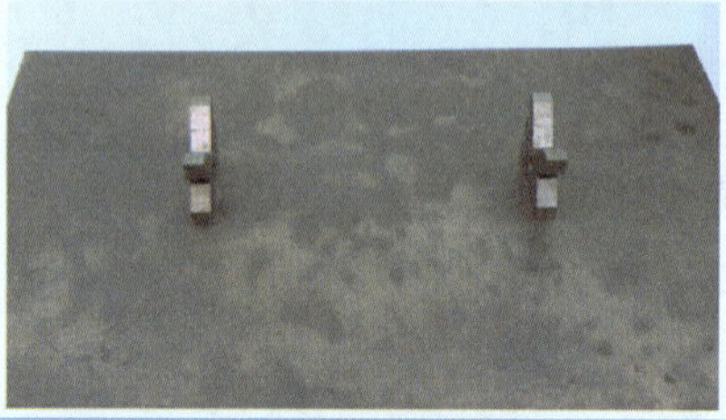	将 V 形块放置在检测平板上
4	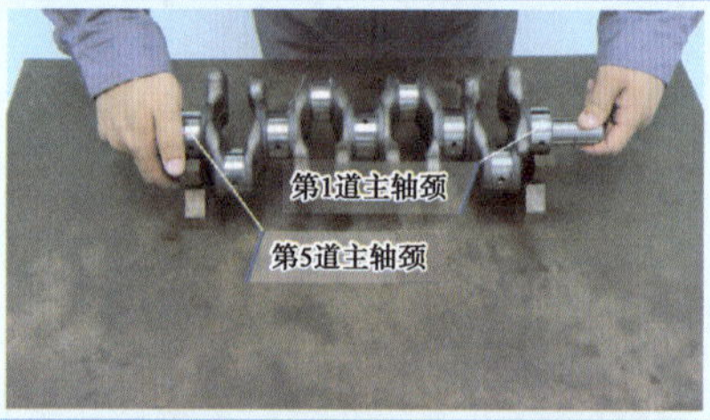 第1道主轴颈 第5道主轴颈	将曲轴第______道、第______道主轴颈放置在 V 形块上
5	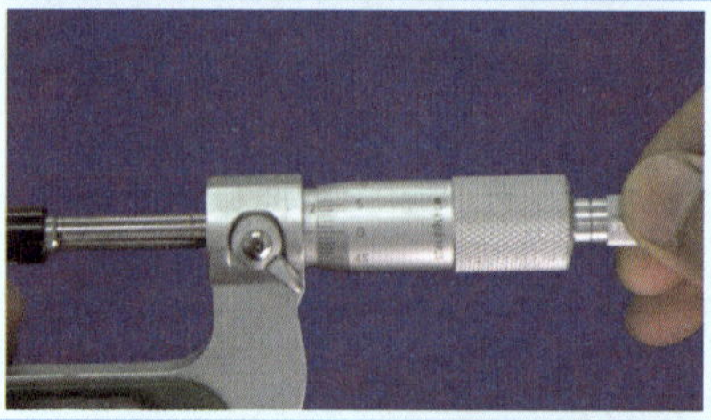	清洁____________________
6		将外径千分尺调到略________主轴颈尺寸
7	 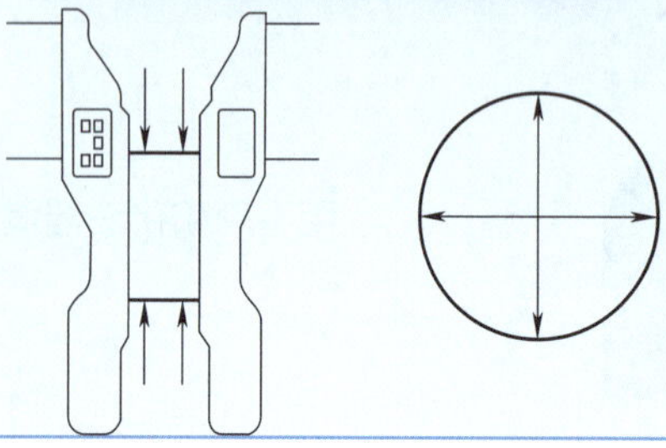	将外径千分尺放入曲轴主轴颈进行测量，标准直径为 47.988 ~ 48.000 mm 注意：测量杆的连线应过曲轴轴颈的轴心，一个轴颈需测量______个直径，分别为轴颈的前、后、水平与垂直位置

续表

序号	图示	步骤及技术要点
8		曲轴的磨损程度一般用__________和_____________表示 外径千分尺在磨损最大的截面上不同方向测得的最大直径与最小直径差值的一半即为该曲轴的圆度误差。测得的所有尺寸中最大直径与最小直径差值的一半即为曲轴的圆柱度误差。主轴颈的圆度和圆柱度均不得大于_______mm
9		用同样方法测量连杆轴颈，标准直径为 43.992 ~ 44.000 mm，__________和__________均不得大于 0.004 mm
10		按照“5S”要求恢复场地

任务评价

项目	作业内容	评价要点	配分	评价
准备工作	场地准备	工位应干净、整洁，地面无油污	1	□
		工具车和检测平板摆放在合适位置	1	□
	设备检查	检查曲轴外观有无破损、开裂	2	□
		检查检测平板是否摆放稳固、整洁	2	□
	人员防护	工作服穿戴整齐	2	□
	工具、量具检查	检查工具车中工具是否齐全，有无损坏等情况	3	□
		检查外径千分尺配件是否齐全，锁紧机构是否有效	2	□

续表

项目	作业内容	评价要点	配分	评价
操作	操作要点	能用毛刷和化油器清洗剂清洁曲轴	5	□
		能清洁外径千分尺并校零	9	□
		能使用外径千分尺测量曲轴主轴颈	10	□
		能使用外径千分尺测量连杆轴颈	10	□
		能测量各轴颈的四个直径	8	□
		能计算曲轴的圆度、圆柱度误差	10	□
	技术规范	能正确使用外径千分尺测量并读取数据	5	□
		能根据测量数据判断曲轴的磨损程度	5	□
		能根据维修手册查阅曲轴的相关参数	5	□
		能说出测量时的注意事项	5	□
职业素养	安全及合作	特殊操作应佩戴安全帽、防酸碱手套或绝缘手套、护目镜等防护用品，油液接触皮肤应及时清洗	5	□
		能查阅维修手册并严格执行技术规范，有良好的责任心和职业道德	5	□
	“5S”管理	注意操作安全，不随意放置工具、量具，不应有其他安全隐患	3	□
		能按正确步骤操作，不得损坏车辆、设备等，按环保规定处理废弃物，不可发生语言争执或肢体碰撞，避免人员受伤	2	□
总评分				

任务十八 凸轮轴的拆卸

学习目标

1. 能按照正确操作顺序对凸轮轴进行拆卸。
2. 能说出凸轮轴拆卸的基本步骤。
3. 能查阅维修手册，掌握凸轮轴拆卸的操作规范。

任务描述

一辆丰田卡罗拉 1.6 L 轿车进店维护保养，该车行驶超过 100 000 km，客户反映车辆发动机出现“哒哒哒”的声音，经初步检测发现可能是因凸轮轴严重磨损导致，需要对配气机构进行拆卸检查。本任务的主要内容是凸轮轴的拆卸。

问题 1：观看视频，轴承盖螺栓是否可以从 10 到 1 进行拆卸？

____

____

问题 2：拆卸后零部件未按顺序排放可能导致哪些问题？

____

____

相关知识

配气机构是发动机进气和排气的控制机构，四冲程发动机采用气门式配气机构。按凸轮轴的位置不同，配气机构可分为凸轮轴下置式、中置式和上置式三类。凸轮轴下置式配气机构的凸轮轴置于曲轴箱内，其结构特点是凸轮轴平行布置在曲轴一侧，位于气门组下方。主要优点是凸轮轴离曲轴近，可以简单地用一对齿轮传动；缺点是零件多，传动链长，整个机构的刚度差。凸轮轴中置式配气机构的结构较凸轮轴上置式简单，凸轮轴位于气缸体上部，这样可缩短推杆长度，减小往复运动惯性力，常用于一些速度较高的发动机。凸轮轴上置式配气机构的凸轮轴与曲轴平行布置，但位于气门组上方，凸轮轴直接通过摇臂来驱动气门开启和关闭，省去了推杆，使往复运动质量大大减小，现代轿车使用的高速发动机大多采用这种结构形式。

任务准备

1. 工具器材

操作前需要准备以下设备、工具及辅助材料等（以单工位为例）。

设备、工具及辅助材料

序号	名称	规格	数量
1	发动机	丰田卡罗拉 1.6 L	1
2	发动机拆装台架	—	1
3	指针式扭力扳手	0 ~ 300 N · m	1
4	工具车	JTC 三层	1
5	零件车	—	1
6	棉纱手套	—	2

2. 分工及操作

职务	代码	姓名	工作内容
组长	A		
组员	B		
	C		
	D		
	E		

任务实施

下面以丰田卡罗拉 1.6 L 车型为例，介绍凸轮轴的拆卸方法。

序号	图示	步骤及技术要点
1		将发动机固定到专用拆装台架上
2		检查发动机拆装台架和工具车
3	 	转动曲轴皮带轮，使凹槽与正时链条盖上的正时标记________对准。检查并确认凸轮轴正时齿轮和链轮上的各正时标记是否与 1 号和 2 号轴承盖上的各正时标记对准
4		拆卸曲轴皮带轮
5		拆卸 1 号链条张紧器总成

续表

序号	图示	步骤及技术要点
6	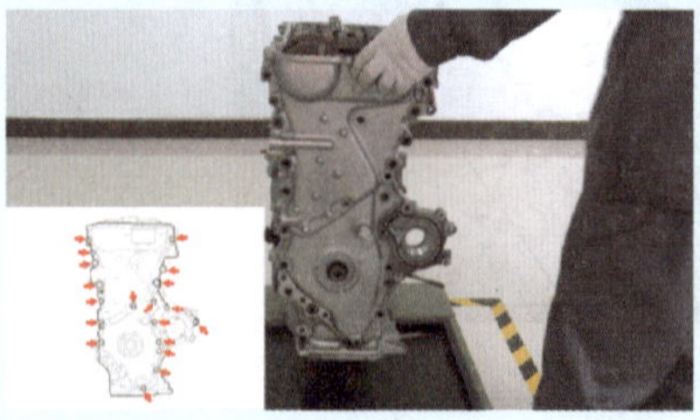	拆卸正时链条盖分总成
7	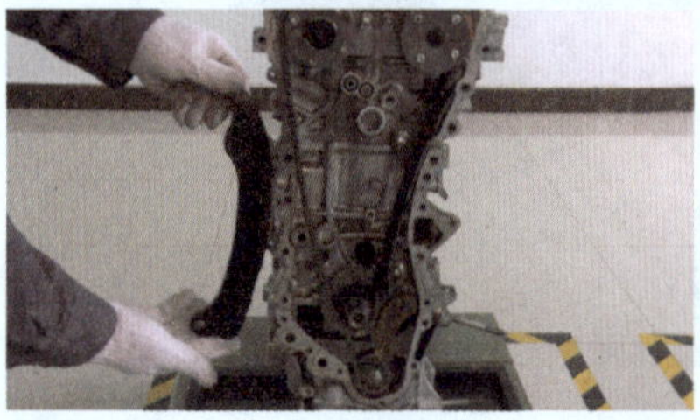	拆卸链条张紧器导板
8		拆卸 1 号链条振动阻尼器
9		拆卸 2 号链条振动阻尼器，并拆下正时链条
10		拆卸进气凸轮轴 ______________
11		拆卸排气凸轮轴正时齿轮总成

续表

序号	图示	步骤及技术要点
12		用指针式扭力扳手按照＿＿＿＿＿的顺序均匀地拧松并拆下 10 个轴承盖螺栓
13	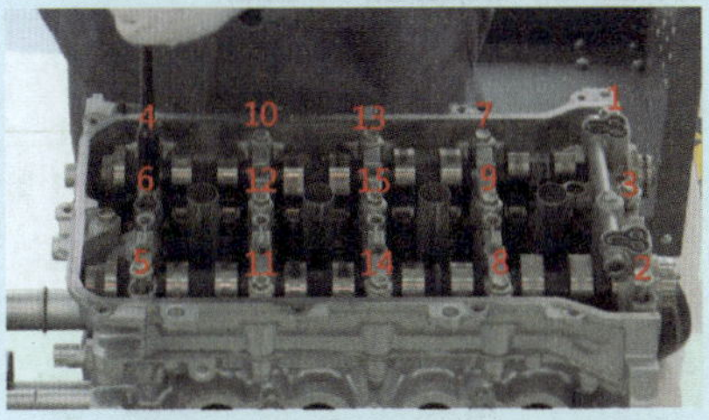	用指针式扭力扳手按照 1 到 15 的顺序，分＿＿＿次均匀地拧松并拆下 15 个轴承盖螺栓
14		取下＿＿＿个轴承盖，并按正确顺序摆放
15	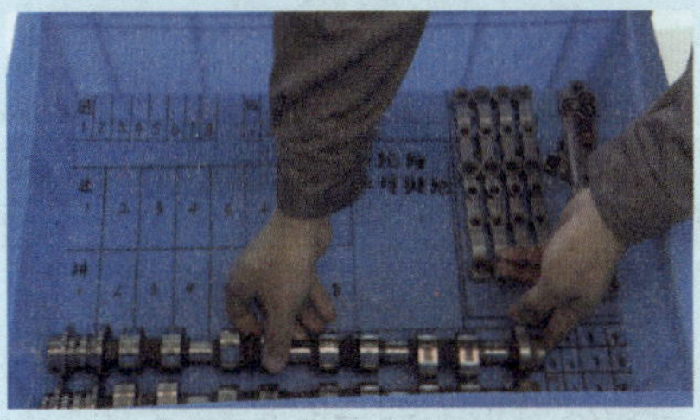	取下进、排气凸轮轴，放在指定位置
16		取下 16 个＿＿＿＿＿＿，并按正确顺序摆放
17		从气缸盖上取下 16 个＿＿＿＿＿，并按正确顺序摆放

续表

序号	图示	步骤及技术要点
18		摆放好拆下的零部件并按照“5S”要求恢复场地

任务评价

项目	作业内容	评价要点	配分	评价
准备工作	场地准备	工位应干净、整洁，地面无油污	1	□
		工具车和发动机拆装台架放置于合适位置	1	□
	设备检查	检查发动机和发动机拆装台架是否安装牢固	2	□
		翻转发动机拆装台架，检查锁紧机构是否有效	2	□
	人员防护	工作服穿戴整齐	2	□
		操作时应佩戴棉纱手套	2	□
	工具、量具检查	检查工具车中工具是否齐全，有无损坏等情况	3	□
		检查指针式扭力扳手的指针是否处于零位	2	□
操作	操作要点	能将凸轮轴正时齿轮及链轮上的正时标记与轴承盖上的正时标记对齐	5	□
		能选择合适工具拆卸皮带轮、张紧器、振动阻尼器	9	□
		能按操作规范拆卸正时链条	8	□
		能使用指针式扭力扳手按 1 到 10 的顺序拧松轴承盖螺栓	10	□
		能选择合适工具拆卸气门摇臂和液压挺柱	8	□
		能将拆卸的零部件按正确顺序摆放	10	□
	技术规范	能按维修手册步骤拆卸凸轮轴	5	□
		能说出按顺序拧松轴承盖螺栓的意义	5	□
		能说出按顺序摆放零部件的重要性	5	□
		能分清进、排气凸轮轴	5	□

续表

<table>
<tr><th>项目</th><th>作业内容</th><th>评价要点</th><th>配分</th><th>评价</th></tr>
<tr><td rowspan="4">职业素养</td><td rowspan="2">安全及合作</td><td>特殊操作应佩戴安全帽、防酸碱手套或绝缘手套、护目镜等防护用品，油液接触皮肤应及时清洗</td><td>5</td><td>□</td></tr>
<tr><td>能查阅维修手册并严格执行技术规范，有良好的责任心和职业道德</td><td>5</td><td>□</td></tr>
<tr><td rowspan="2">“5S”管理</td><td>注意操作安全，不随意放置工具、量具，不应有其他安全隐患</td><td>3</td><td>□</td></tr>
<tr><td>能按正确步骤操作，不得损坏车辆、设备等，按环保规定处理废弃物，不可发生语言争执或肢体碰撞，避免人员受伤</td><td>2</td><td>□</td></tr>
<tr><td colspan="3">总评分</td><td colspan="2"></td></tr>
</table>

任务十九 热线式空气流量计就车检测

学习目标

1. 能按操作步骤对热线式空气流量计进行拆装。
2. 能使用数字万用表检测热线式空气流量计。
3. 能根据维修手册端子号连接测量线束。
4. 能根据数字万用表测量数据判断热线式空气流量计是否故障。

任务描述

一辆丰田卡罗拉 1.6 L 轿车进店维护保养，该车行驶超过 100 000 km，客户反映车辆发动机故障指示灯亮起并伴随加速性能下降，油耗升高，经初步检测发现可能是热线式空气流量计损坏导致，需要对热线式空气流量计进行检测。本任务的主要内容是热线式空气流量计就车检测。

问题 1：观看视频，应根据端子的电压还是电阻来判断故障？

____

____

问题 2：还有哪些方法可以判断热线式空气流量计故障？

____

____

任务准备

1. 工具器材

操作前需要准备以下设备、工具及辅助材料等（以单工位为例）。

设备、工具及辅助材料

序号	名称	规格	数量
1	实训车	丰田卡罗拉 1.6 L	1
2	跨接线	—	2
3	数字万用表	—	1
4	工具车	JTC 三层	1
5	零件车	—	1
6	棉纱手套	—	2
7	翼子板及前格栅布	—	1
8	车内四件套	—	1

2. 分工及操作

职务	代码	姓名	工作内容
组长	A		
组员	B		
	C		
	D		
	E		

任务实施

下面以丰田卡罗拉 1.6 L 车型为例，介绍热线式空气流量计就车检测的方法。

序号	图示	步骤及技术要点
1		打开发动机引擎盖，安装翼子板、前格栅布和车内四件套
2		关闭点火开关，拔下空气流量计连接器

续表

序号	图示	步骤及技术要点
3	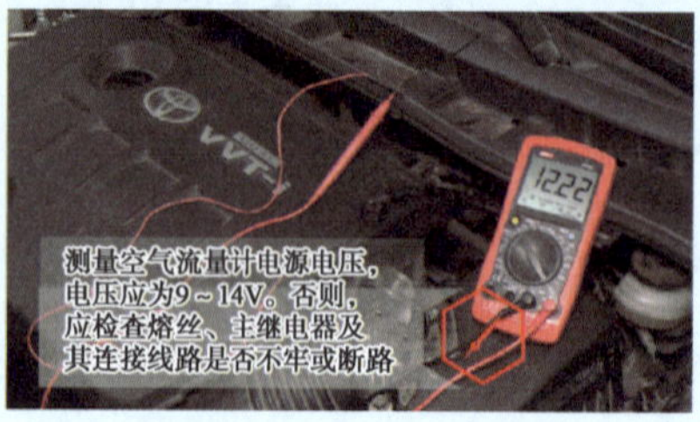 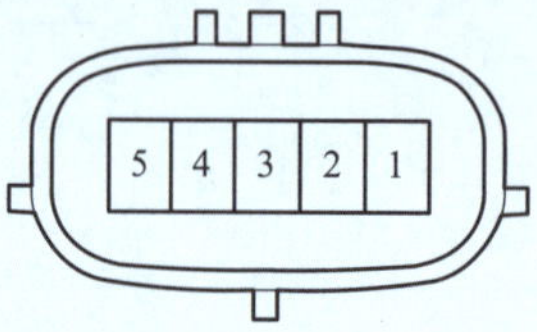	检查空气流量计电源电压 用跨接线连接 3 号端子，打开点火开关，数字万用表置于量程 20 V 的直流电压挡。将数字万用表黑表笔置于发动机搭铁点上，红表笔置于跨接线对应的 3 号端子上，测量空气流量计电源电压，电压应为__________V。否则，应检查熔丝、主继电器及其连接线路是否不牢或断路
4	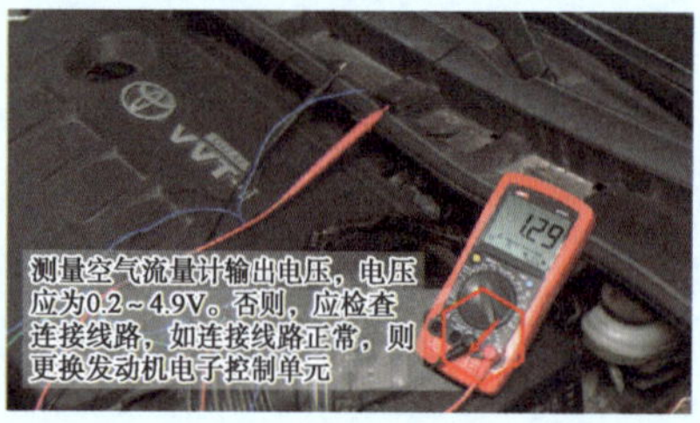	检查空气流量计输出电压 关闭点火开关，用跨接线连接空气流量计和空气流量计连接器。启动发动机，将数字万用表黑表笔置于空气流量计连接器 4 号端子上，红表笔置于空气流量计连接器 5 号端子上，测量空气流量计输出电压，电压应为__________V。否则，应检查连接线路；如连接线路正常，则更换____________________
5		测量完毕，关闭点火开关，拆下跨接线，重新连接空气流量计连接器
6		按照“5S”要求恢复场地

任务评价

项目	作业内容	评价要点	配分	评价
准备工作	场地准备	工位应干净、 整洁， 地面无油污	1	□
		车辆停靠在合适位置	1	□
	设备检查	铺设翼子板及前格栅布	2	□
		铺设车内四件套	2	□
	人员防护	工作服穿戴整齐	2	□
		操作时应佩戴棉纱手套	2	□
	工具、 量具检查	检查跨接线是否备齐， 有无破损	3	□
		检查数字万用表是否能正常工作	2	□
操作	操作要点	能拔下空气流量计连接器	10	□
		能用数字万用表检查空气流量计电源电压	5	□
		能用跨接线连接空气流量计和空气流量计连接器	7	□
		能正确使用数字万用表检查空气流量计输出电压	8	□
		能正确连接数字万用表红、 黑表笔并选择正确挡位进行检测	5	□
		能根据测量步骤及时关闭点火开关	5	□
		能说出用数字万用表检测空气流量计的原理	10	□
	技术规范	能查阅维修手册判别传感器端子号及相关技术参数	5	□
		能根据操作规范测量空气流量计输出电压	5	□
		能对测量数据进行分析	5	□
		能正确使用数字万用表	5	□
职业素养	安全及合作	特殊操作应佩戴安全帽、 防酸碱手套或绝缘手套、 护目镜等防护用品	5	□
		能查阅维修手册并严格执行技术规范， 有良好的责任心和职业道德	5	□
	“5S” 管理	注意操作安全， 不随意放置工具、 量具， 不应有其他安全隐患	3	□
		能按正确步骤操作， 不得损坏车辆、 设备等， 按环保规定处理废弃物， 不可发生语言争执或肢体碰撞， 避免人员受伤	2	□
总评分				

任务二十

热线式空气流量计的检测

学习目标

1. 能说出热线式空气流量计的工作原理。
2. 能按正确步骤检测热线式空气流量计。
3. 能使用故障诊断仪和数字万用表检测热线式空气流量计。
4. 能根据测量数据分析热线式空气流量计故障。

任务描述

一辆丰田卡罗拉1.6 L轿车进店维护保养，该车行驶超过100 000 km，客户反映车辆发动机故障指示灯亮起并伴随加速性能下降，油耗升高，初步分析可能进气系统存在故障，通过故障诊断仪检测后发现热线式空气流量计及相关线路存在故障码。本任务的主要内容是热线式空气流量计的检测。

问题1：读取数据流时是否需要启动发动机？

____

____

问题2：测量端子电压时，是否可以将数字万用表直接接入端子中测量，为什么？

____

____

任务准备

1. 工具器材

操作前需要准备以下设备、工具及辅助材料等（以单工位为例）。

设备、工具及辅助材料

序号	名称	规格	数量
1	实训车	丰田卡罗拉 1.6 L	1
2	专用测试线	—	2
3	数字万用表	—	1
4	工具车	JTC 三层	1
5	故障诊断仪	KT 710	1
6	零件车	—	1
7	棉纱手套	—	2
8	T 形连接线	—	4
9	翼子板及前格栅布	—	1
10	车内四件套	—	1

2. 分工及操作

职务	代码	姓名	工作内容
组长	A		
组员	B		
	C		
	D		
	E		

任务实施

下面以丰田卡罗拉 1.6 L 车型为例，介绍热线式空气流量计的检测方法。

序号	图示	步骤及技术要点
1		打开发动机引擎盖，安装翼子板、前格栅布和车内四件套

续表

序号	图示	步骤及技术要点
2		用 KT 710 故障诊断仪读取空气流量计故障码，清除故障码后再次读取。如果故障码重复出现，应检查空气流量计及其相关线路 注意：故障码“P0102”或“P0103”说明空气流量计线路断路或短路，传感器或发动机控制单元有故障
3		读取空气流量计数据流 注意：点火开关打开 30 s 后，空气流量计参考数值应低于 0.23 g/m。启动发动机，使发动机怠速运转，空气流量参考数值应为 0.54 ~ 4.33 g/m。如果参考数值不符合要求，传感器或其线路可能有故障
4		关闭点火开关，按住空气流量计连接器锁止机构，将空气流量计连接器拔下 注意：（1）要保证空气流量计连接器断开前，其锁止机构被解开 （2）断开空气流量计连接器时应握住整个连接器，不要拉扯线束，以免扯断电线 （3）当很难断开空气流量计连接器时，把连接器朝连接处推动一下会有助于松开锁止机构
5		用 T 形连接线将空气流量计与其连接器对应端子连接

续表

序号	图示	步骤及技术要点
6	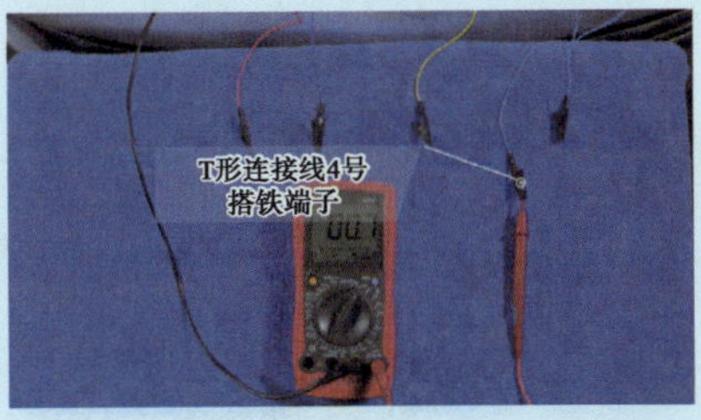	打开数字万用表电源，将其置于“200 Ω”电阻挡。黑表笔搭铁，T形连接线4号搭铁端子与红表笔连接，电阻值应小于______Ω 注意：切勿将________________________________，以免使__________。可以用专用测试线或测试探针连接连接器端子，禁止用回形针或其他替代物检测端子
7	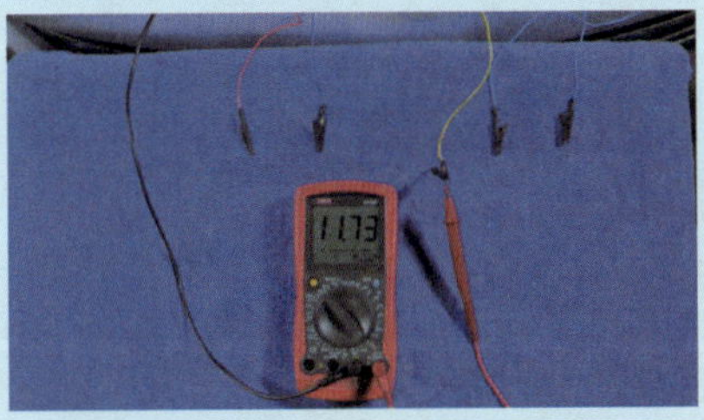	打开点火开关。将数字万用表置于“20 V”直流电压挡。黑表笔搭铁，T形连接线3号供电端子与万用表红表笔连接，电压应为________V
8	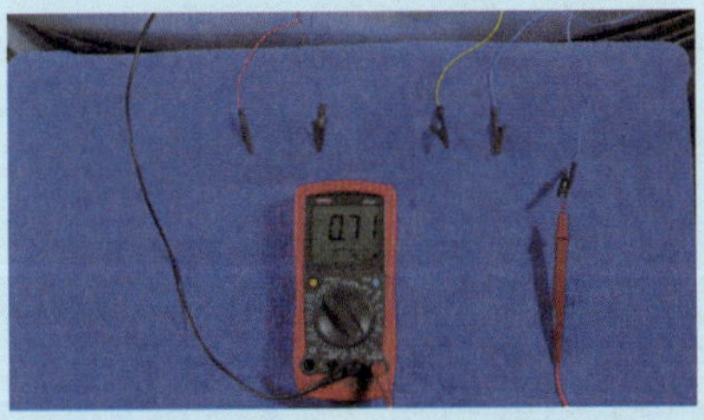	T形连接线5号信号端子与万用表红表笔连接，空气流量计信号电压约为0.71 V；启动发动机，在怠速运转状态下，空气流量计信号电压应为__________V。 当传感器连接器端子没有电压时，应在断电状态下，通过检查传感器连接器与ECU连接器相应端子间线路导通性，判断端子线路好坏
9		测量完毕，关闭设备电源，拆下T形连接线，重新连接空气流量计连接器以恢复车辆 连接连接器时，听到“________”声音说明连接器已被牢固锁住
10		按照“5S”要求恢复场地

任务评价

项目	作业内容	评价要点	配分	评价
准备工作	场地准备	工位应干净、整洁，地面无油污	1	□
		车辆停靠在合适位置	1	□
	设备检查	铺设翼子板及前格栅布	2	□
		铺设车内四件套	2	□
	人员防护	工作服穿戴整齐	2	□
		操作时应佩戴棉纱手套	2	□
	工具、量具检查	检查 T 形连接线是否备齐，有无破损等	3	□
		检查数字万用表是否能正常工作	2	□
操作	操作要点	能用 KT710 故障诊断仪读取空气流量计故障码	10	□
		能用 KT710 故障诊断仪清除故障码	5	□
		能用 KT710 故障诊断仪读取空气流量计数据流	7	□
		能根据数据流参数判断传感器是否故障	8	□
		能拆下空气流量计连接器	5	□
		能用 T 形连接线连接空气流量计与其连接器对应端子	5	□
		能用数字万用表测量空气流量计线路	10	□
	技术规范	能查阅维修手册，判别传感器端子号及相关技术参数	5	□
		能根据操作规范对传感器进行电压、电阻的测量	5	□
		能对测量数据进行分析	5	□
		能正确使用故障诊断仪及数字万用表	5	□
职业素养	安全及合作	特殊操作应佩戴安全帽、防酸碱手套或绝缘手套、护目镜等防护用品	5	□
		能查阅维修手册并严格执行技术规范，有良好的责任心和职业道德	5	□
	“5S”管理	注意操作安全，不随意放置工具、量具，不应有其他安全隐患	3	□
		能按正确步骤操作，不得损坏车辆、设备等，按环保规定处理废弃物，不可发生语言争执或肢体碰撞，避免人员受伤	2	□
总评分				

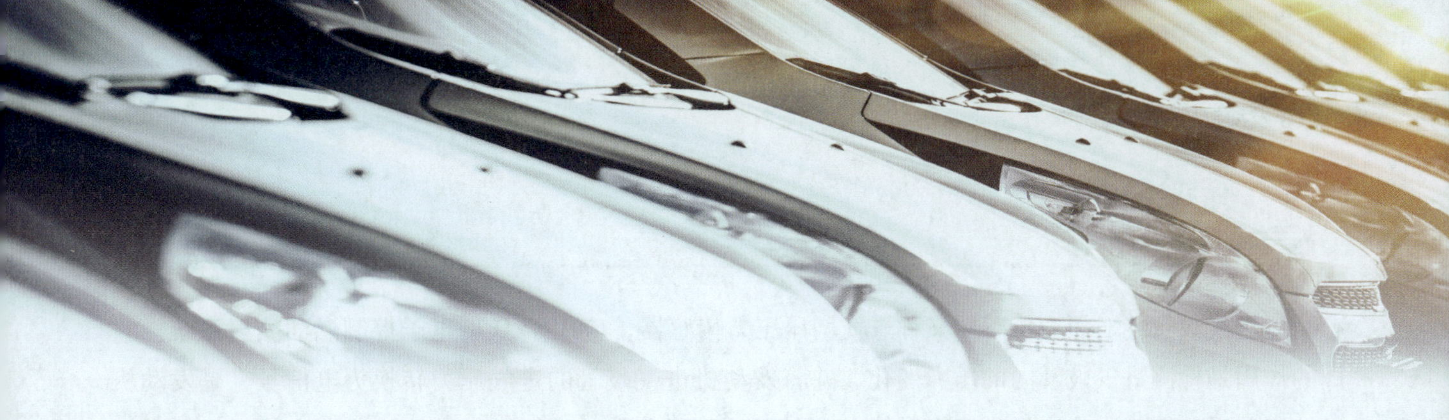

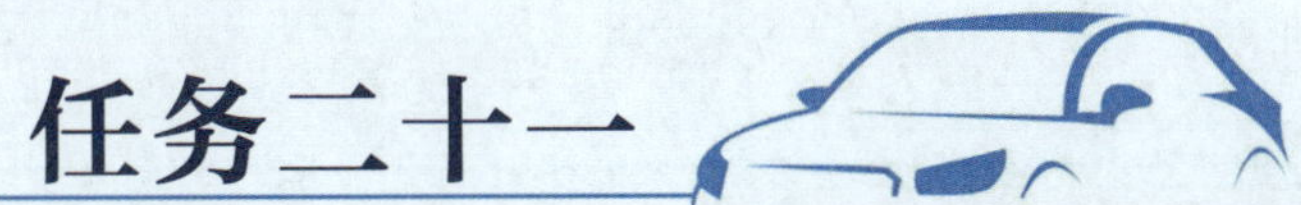

任务二十一 进气歧管绝对压力传感器的检测

学习目标

1. 能说出进气歧管绝对压力传感器的作用及工作原理。
2. 能简述进气歧管绝对压力传感器的检测步骤。
3. 能使用故障诊断仪和数字万用表检测进气歧管绝对压力传感器。
4. 能根据测试数据对进气歧管绝对压力传感器进行故障分析。

任务描述

一辆丰田卡罗拉 1.6 L 轿车进店维护保养，该车行驶超过 100 000 km，客户反映车辆发动机故障指示灯亮起并伴随有怠速不稳，动力不足，用故障诊断仪读取故障码后，显示为进气歧管绝对压力传感器故障。本任务的主要内容是进气歧管绝对压力传感器的检测。

问题 1：进气歧管压力为 40 kPa 时，发动机处于什么状态？

____

____

问题 2：点火开关打开状态下，进气歧管绝对压力传感器的供电电压为多少？

____

____

相关知识

进气歧管绝对压力传感器又称进气增压压力传感器，应用于 D 型电子控制燃油喷射系统。它的作用是检测进气歧管内的压力变化，并将发动机进气歧管的进气压力转换为电信号，是发动机控制单元计算基本喷油量、确定最佳点火时间的重要参数。常用进气歧管绝对压力传感器的种类很多，按传感器的结构与工作原理不同分类，进气歧管压力传感器有压敏电阻式、电容式等不同形式。

任务准备

1. 工具器材

操作前需要准备以下设备、工具及辅助材料等（以单工位为例）。

设备、工具及辅助材料

序号	名称	规格	数量
1	实训车	丰田卡罗拉 1.6 L	1
2	专用测试线	—	2
3	数字万用表	—	1
4	工具车	JTC 三层	1
5	故障诊断仪	KT710	1
6	零件车	—	1
7	棉纱手套	—	2
8	T 形连接线	—	4
9	翼子板及前格栅布	—	1
10	车内四件套	—	1
11	手动真空泵	—	1

2. 分工及操作

职务	代码	姓名	工作内容
组长	A		
组员	B		
	C		
	D		
	E		

任务实施

下面以丰田卡罗拉 1.6 L 车型为例，介绍进气歧管绝对压力传感器的检测方法。

序号	图示	步骤及技术要点
1		打开发动机引擎盖，安装翼子板、前格栅布和车内四件套
2		用 KT710 故障诊断仪读取进气歧管绝对压力传感器故障码，清除故障码后再次读取。如果故障码重复出现，应检查传感器及其相关线路 故障码“P0107”“P0108”说明进气歧管绝对压力传感器线路断路或短路，传感器或发动机控制单元有故障
3		进入故障诊断仪主机上数据流读取界面 发动机__________状态下，进气歧管绝对压力等于大气压力，参考数值应为 100 ~ 102 kPa。启动发动机，使发动机__________，进气歧管绝对压力参考数值应为 33 ~ 41 kPa
4		在点火开关关闭状态下，拔下进气歧管绝对压力传感器连接器
5		用专用测试线连接传感器连接器 1 号搭铁端子、3 号供电端子和 4 号信号端子
6		打开数字万用表，将数字万用表置于“200 Ω”电阻挡。黑表笔搭铁，红表笔与进气歧管绝对压力传感器连接器 1 号搭铁端子专用测试线连接，电阻值应小于______Ω

续表

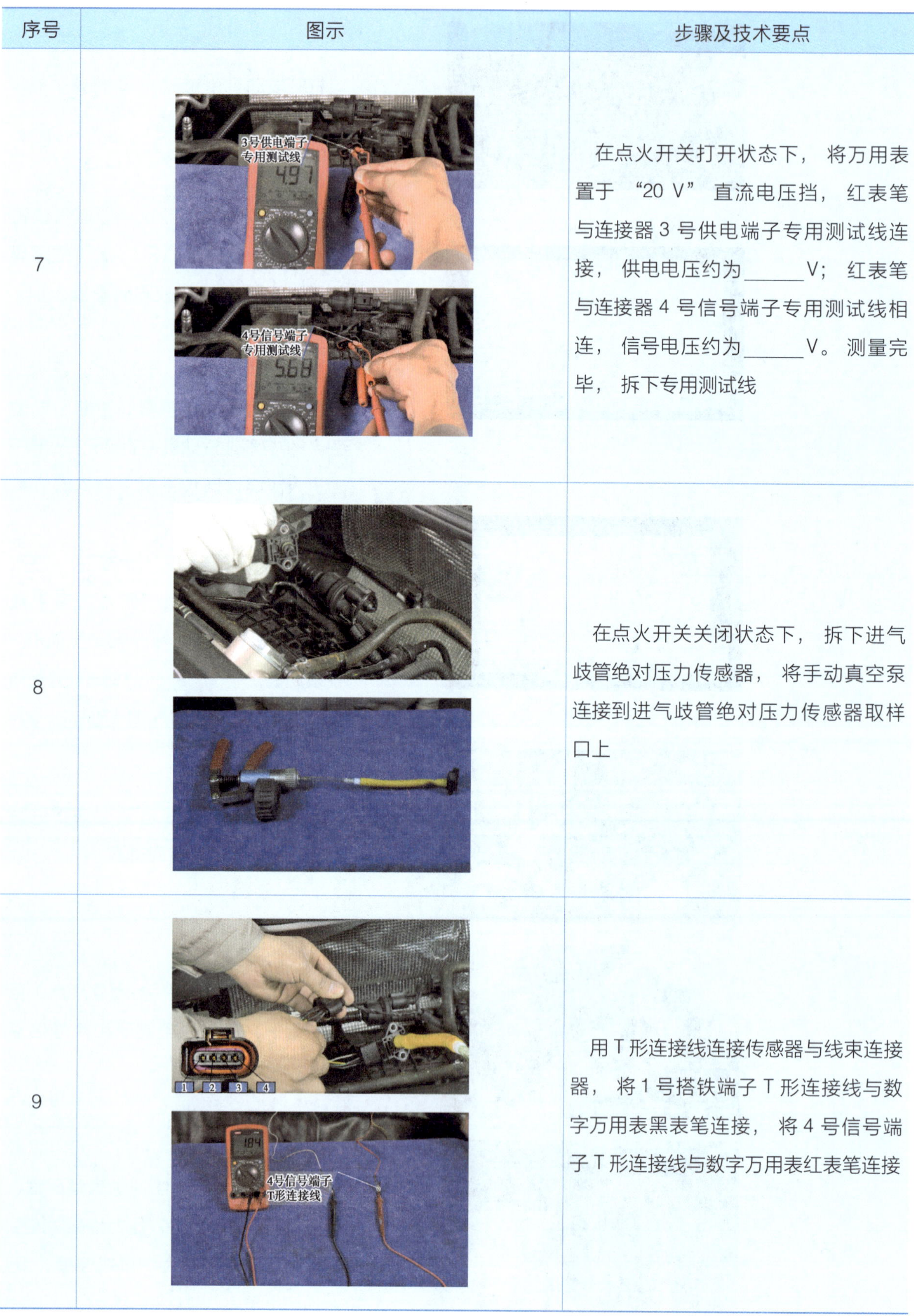

序号	图示	步骤及技术要点
7		在点火开关打开状态下，将万用表置于“20 V”直流电压挡，红表笔与连接器 3 号供电端子专用测试线连接，供电电压约为______V；红表笔与连接器 4 号信号端子专用测试线相连，信号电压约为______V。测量完毕，拆下专用测试线
8		在点火开关关闭状态下，拆下进气歧管绝对压力传感器，将手动真空泵连接到进气歧管绝对压力传感器取样口上
9		用 T 形连接线连接传感器与线束连接器，将 1 号搭铁端子 T 形连接线与数字万用表黑表笔连接，将 4 号信号端子 T 形连接线与数字万用表红表笔连接

续表

序号	图示	步骤及技术要点
10		打开点火开关，捏压手动真空泵，当压力约为 –50 kPa 时，电压应为 ________V
11		测量完毕，按照“5S”标准整理场地

任务评价

项目	作业内容	评价要点	配分	评价
准备工作	场地准备	工位应干净、整洁，地面无油污	1	□
		车辆停靠在合适位置	1	□
	设备检查	铺设翼子板及前格栅布	2	□
		铺设车内四件套	2	□
	人员防护	工作服穿戴整齐	2	□
		拆装操作时应佩戴棉纱手套	2	□
	工具、量具检查	检查 T 形连接线是否备齐，有无破损等	3	□
		检查数字万用表是否能正常工作	2	□
操作	操作要点	能用 KT710 故障诊断仪读取进气歧管绝对压力传感器故障码	10	□
		能按规定拔下进气歧管绝对压力传感器连接器	5	□
		能用专用测试线连接传感器连接器端子	7	□
		能拆下进气歧管绝对压力传感器	8	□
		能用数字万用表测量进气歧管绝对压力传感器及其线路	5	□
		能在点火开关不同状态下测试传感器电压	5	□
		能安装进气歧管绝对压力传感器	10	□

续表

项目	作业内容	评价要点	配分	评价
操作	技术规范	能查阅维修手册，判别进气歧管绝对压力传感器端子号及相关技术参数	5	□
		能根据操作规范，测量进气歧管绝对压力传感器电压	5	□
		能对测量数据进行分析	5	□
		能依据操作规范正确使用故障诊断仪及数字万用表	5	□
职业素养	安全及合作	特殊操作应佩戴安全帽、防酸碱手套或绝缘手套、护目镜等防护用品	5	□
		能查阅维修手册并严格执行技术规范，有良好的责任心和职业道德	5	□
	“5S”管理	注意操作安全，不随意放置工具、量具，不应有其他安全隐患	3	□
		能按正确步骤操作，不得损坏车辆、设备等，按环保规定处理废弃物，不可发生语言争执或肢体碰撞，避免人员受伤	2	□
总评分				

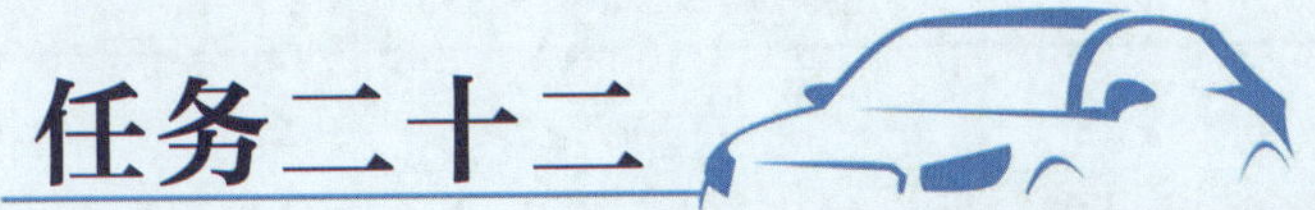

任务二十二 进气温度传感器的检测

学习目标

1. 能说出进气温度传感器的作用及工作原理。
2. 能简述进气温度传感器的检测步骤。
3. 能使用故障诊断仪和数字万用表检测进气温度传感器。
4. 能根据测试数据对进气温度传感器进行故障分析。

任务描述

一辆大众朗逸 1.4 T 轿车进店维护保养，该车行驶超过 100 000 km，客户反映车辆发动机启动困难、怠速不稳且发动机故障指示灯亮起，读取故障码后为进气温度传感器故障。本任务的主要内容是进气温度传感器的检测。

问题 1：故障诊断仪显示进气温度传感器参考温度为 140 ℃时，进气温度传感器是什么故障？

____

____

问题 2：进气温度传感器的阻值如何随温度变化？

____

____

相关知识

进气温度传感器的作用是检测发动机的进气温度，将进气温度转变为电压信号输入给电子控制单元（Electronic Control Unit，ECU）作为喷油修正的信号。进气温度传感器是一个负温度系数热敏电阻，当温度升高时，电阻阻值减小；当温度降低时，电阻阻值增大，随着电路中电阻的变化，导致电压的变化，从而产生不同的电压信号，完成控制系统的自动操作。在冷车时，进气温度传感器的信号与发动机水温传感器信号基本相同；在热车时，其信号电压是水温传感器的 2～3 倍。当发动机进气温度传感器出现损坏，ECU 不能将其作为喷油、点火的修正信号时，会给 ECU 传递错误的信息，从而造成发动机的启动困难、怠速不稳以及尾气排放污染加剧等问题。

任务准备

1. 工具器材

操作前需要准备以下设备、工具及辅助材料等（以单工位为例）。

设备、工具及辅助材料

序号	名称	规格	数量
1	实训车	大众朗逸 1.4 T	1
2	专用测试线	—	2
3	数字万用表	—	1
4	工具车	JTC 三层	1
5	故障诊断仪	KT710	1
6	零件车	—	1
7	棉纱手套	—	2
8	T 形连接线	—	2
9	翼子板及前格栅布	—	1
10	车内四件套	—	1
11	环境温度测试仪	—	1

2. 分工及操作

职务	代码	姓名	工作内容
组长	A		
组员	B		
	C		
	D		
	E		

任务实施

下面以大众朗逸 1.4 T 车型为例，介绍进气温度传感器的检测方法。

序号	图示	步骤及技术要点
1		打开发动机引擎盖，安装翼子板、前格栅布和车内四件套
2		用 KT710 故障诊断仪读取进气温度传感器故障码，清除故障码后再次读取。如果故障码重复出现，应检查传感器及其相关线路 故障码"P0112""P0113"说明进气温度传感器线路断路或短路，传感器或发动机控制单元有故障
3		读取进气温度传感器数据流 发动机不运转状态下，进气温度参考数值应与实际进气温度相符。进气温度参考数值为 -40 °C 时，说明传感器或其线路可能________；参考数值为 143 °C 时，说明传感器或其线路可能________
4		在点火开关________状态下，断开进气温度传感器连接器，拆下进气温度传感器总成
5		用 T 形连接线连接进气温度传感器及其连接器
6		打开数字万用表电源开关，将量程置于"______V"直流电压挡

续表

序号	图示	步骤及技术要点
7	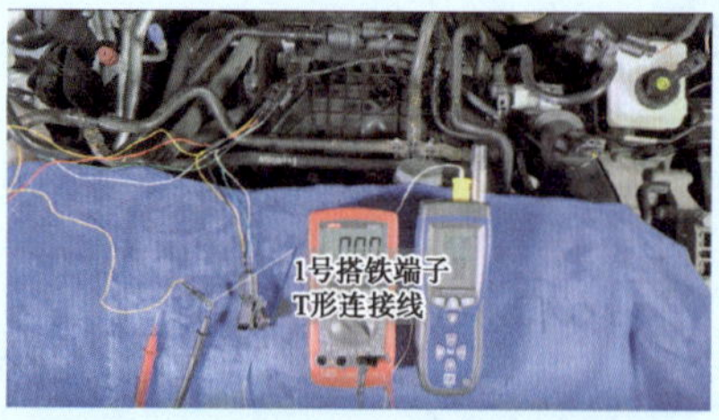	在点火开关________下，将数字万用表黑表笔与1号搭铁端子T形连接线连接，红表笔与2号温度信号端子T形连接线连接
8	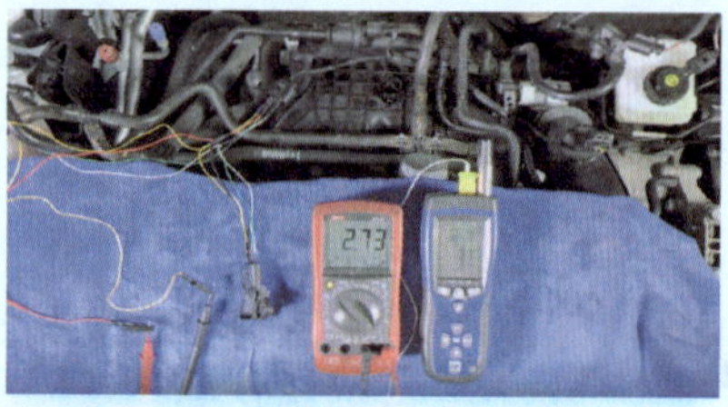	用环境温度测试仪测量环境温度为9.7 °C时，进气温度传感器信号电压值约为2.73 V
9	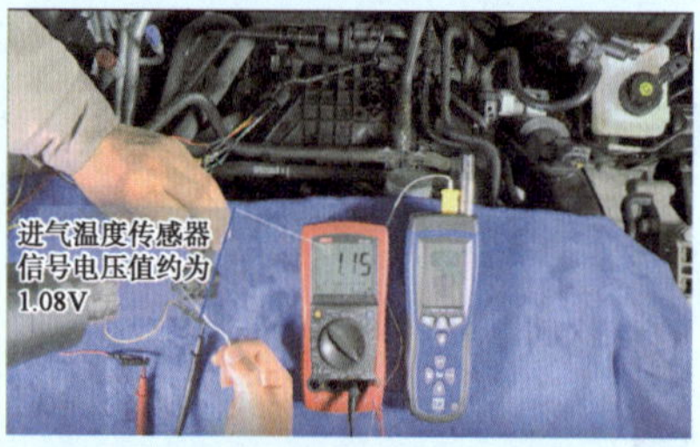	将进气温度传感器加热到50 °C，进气温度传感器信号电压值约为1.08 V 采用负温度系数热敏电阻的进气温度传感器信号电压值________________
10	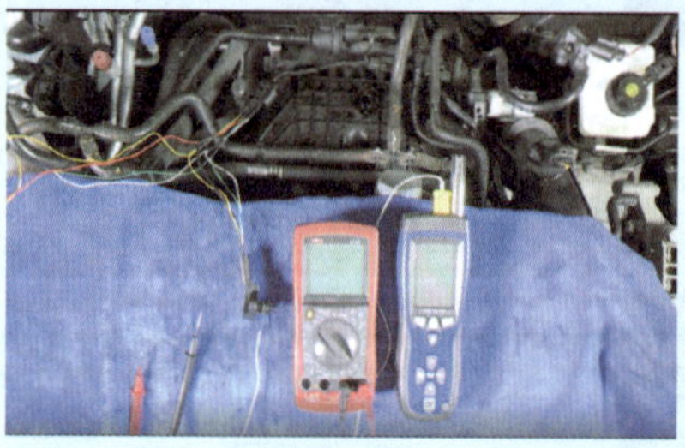	测量完毕，关闭数字万用表电源
11	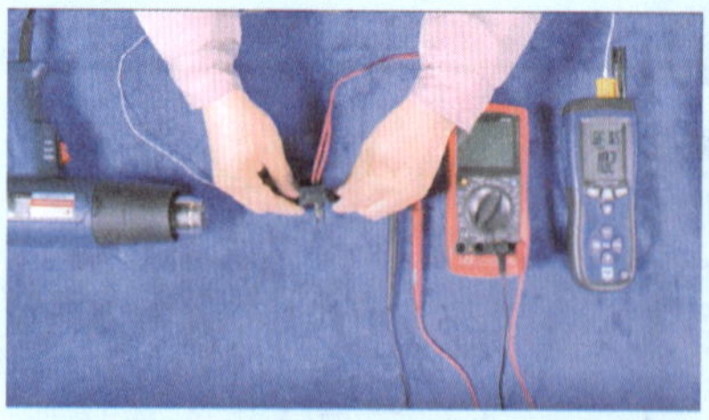	用专用测试线连接进气温度传感器1号、2号端子
12	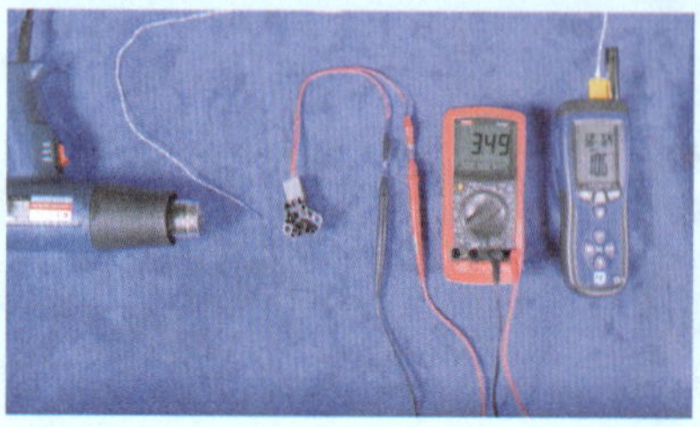	打开数字万用表电源开关，将其置于“______kΩ”电阻测量挡。红、黑表笔分别与1号、2号端子专用测试线连接

续表

序号	图示	步骤及技术要点
13		环境温度为 10.3 °C 时，进气温度传感器电阻值约为 3.53 kΩ。环境温度会变化，读取数值时，温度与阻值应同时读取，以减小测量误差
14		将进气温度传感器加热到 50 °C，进气温度传感器电阻值约为 0.99 kΩ。采用负温度系数热敏电阻的进气温度传感器电阻值会随着温度的升高而降低
15		测量完毕，按照“5S”标准整理场地

任务评价

项目	作业内容	评价要点	配分	评价
准备工作	场地准备	工位应干净、整洁，地面无油污	1	□
		车辆停靠在合适位置	1	□
	设备检查	铺设翼子板及前格栅布	2	□
		铺设车内四件套	2	□
	人员防护	工作服穿戴整齐	2	□
		拆装操作时应佩戴棉纱手套	2	□
	工具、量具检查	检查 T 形连接线是否备齐，有无破损等	3	□
		检查数字万用表是否能正常工作	2	□

续表

<table>
<tr><th>项目</th><th>作业内容</th><th>评价要点</th><th>配分</th><th>评价</th></tr>
<tr><td rowspan="11">操作</td><td rowspan="7">操作要点</td><td>能用 KT710 故障诊断仪读取进气温度传感器故障码</td><td>10</td><td>□</td></tr>
<tr><td>能按规定断开进气温度传感器连接器</td><td>5</td><td>□</td></tr>
<tr><td>能拆下进气温度传感器总成</td><td>7</td><td>□</td></tr>
<tr><td>能用数字万用表测量进气温度传感器信号电压</td><td>8</td><td>□</td></tr>
<tr><td>能用数字万用表测量进气温度传感器电阻</td><td>5</td><td>□</td></tr>
<tr><td>能使用专用测试线连接进气温度传感器端子</td><td>5</td><td>□</td></tr>
<tr><td>能分析不同温度变化对进气温度传感器电阻的影响</td><td>10</td><td>□</td></tr>
<tr><td rowspan="4">技术规范</td><td>能查阅维修手册，了解进气温度传感器端子号及相关技术参数</td><td>5</td><td>□</td></tr>
<tr><td>能根据操作规范测量进气温度传感器电压、电阻</td><td>5</td><td>□</td></tr>
<tr><td>能对测量数据进行分析</td><td>5</td><td>□</td></tr>
<tr><td>能正确使用故障诊断仪及数字万用表</td><td>5</td><td>□</td></tr>
<tr><td rowspan="4">职业素养</td><td rowspan="2">安全及合作</td><td>特殊操作应佩戴安全帽、防酸碱手套或绝缘手套、护目镜等防护用品，油液接触皮肤应及时清洗</td><td>5</td><td>□</td></tr>
<tr><td>能查阅维修手册并严格执行技术规范，有良好的责任心和职业道德</td><td>5</td><td>□</td></tr>
<tr><td rowspan="2">“5S” 管理</td><td>注意操作安全，不随意放置工具、量具，不应有其他安全隐患</td><td>3</td><td>□</td></tr>
<tr><td>能按正确步骤操作，不得损坏车辆、设备等，按环保规定处理废弃物，不可发生语言争执或肢体碰撞，避免人员受伤</td><td>2</td><td>□</td></tr>
<tr><td colspan="3">总评分</td><td colspan="2"></td></tr>
</table>

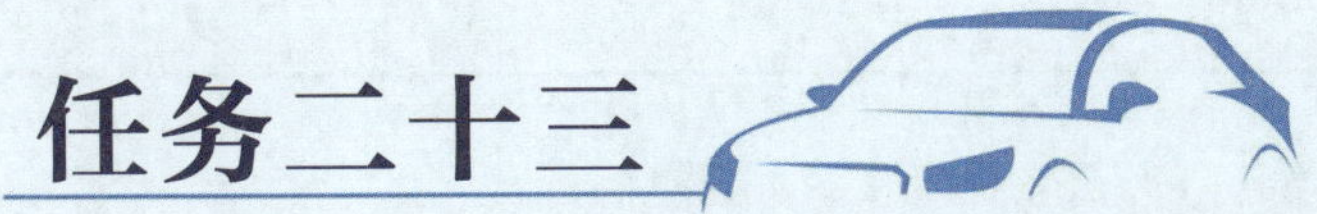

任务二十三 节气门位置传感器的检测

学习目标

1. 能说出节气门位置传感器的作用及安装位置。
2. 能使用故障诊断仪和数字万用表检测节气门位置传感器。
3. 能按照操作步骤对节气门位置传感器进行检测。
4. 能根据测量数据分析节气门位置传感器是否故障。

任务描述

一辆丰田卡罗拉1.6 L轿车进店维护保养，该车行驶超过100 000 km，客户反映车辆发动机故障指示灯亮起，启动后发动机抖动且怠速不稳，行驶时，发动机容易熄火，读取故障码后为节气门位置传感器故障。本任务的主要内容是节气门位置传感器的检测。

问题1：视频中故障码的含义有哪些？

____

____

问题2：节气门位置传感器信号电压为什么随加速踏板的位置不同而变化？

____

____

相关知识

节气门位置传感器又称节气门开度传感器或节气门开关，位于节气门一侧，是用于检测发动机状态的设备，其主要功能是检测发动机处于怠速工况、负荷工况，或加速工况、减速工况。节气门位置传感器是汽车电控系统非常重要的一环，它所输出的信号直接影响发动机电子燃油喷射系统和电控自动变速器系统。

任务准备

1. 工具器材

操作前需要准备以下设备、工具及辅助材料等（以单工位为例）。

设备、工具及辅助材料

序号	名称	规格	数量
1	实训车	丰田卡罗拉 1.6 L	1
2	专用测试线	—	2
3	数字万用表	—	1
4	工具车	JTC 三层	1
5	故障诊断仪	KT710	1
6	零件车	—	1
7	棉纱手套	—	2
8	T 形连接线	—	1
9	翼子板及前格栅布	—	1
10	车内四件套	—	1

2. 分工及操作

职务	代码	姓名	工作内容
组长	A		
组员	B		
	C		
	D		
	E		

任务实施

下面以丰田卡罗拉 1.6 L 车型为例，介绍节气门位置传感器的检测方法。

序号	图示	步骤及技术要点
1		打开发动机引擎盖，安装翼子板、前格栅布和车内四件套
2		用 KT710 故障诊断仪读取故障码，清除故障码后再次读取。如果故障码重复出现，应检查传感器及其相关线路 注意：故障码“P0222”“P0123”“P0223”说明节气门位置传感器线路________或________，传感器或发动机控制单元有故障
3		读取节气门位置传感器数据流 注意：未踩加速踏板时，节气门位置传感器 1 开度约为________，节气门位置传感器 2 开度约为__________。将加速踏板踩到底，节气门位置传感器 1 开度约为 81.6%，节气门位置传感器 2 开度约为 99.6%
4		在点火开关关闭状态下，拆下节气门体遮挡附件
5		断开节气门体连接器

续表

序号	图示	步骤及技术要点
6	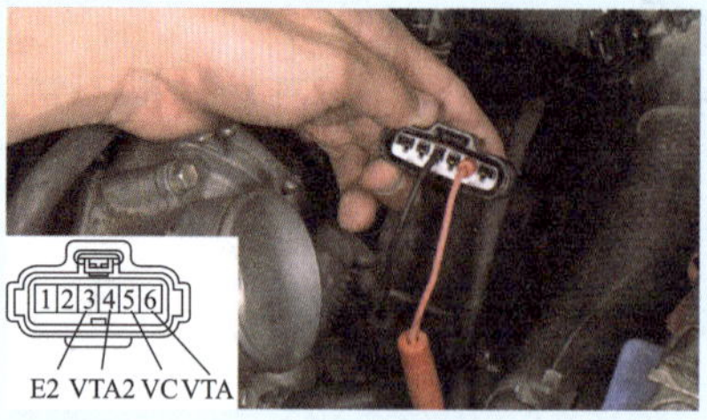	用专用测试线连接________搭铁端子和________供电端子
7	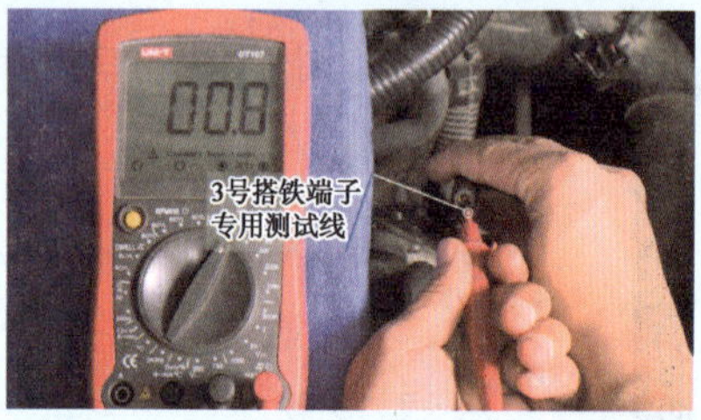	在点火开关关闭状态下，打开数字万用表电源，并将其置于“____ Ω”电阻挡。黑表笔搭铁，红表笔置于连接器 3 号搭铁端子专用测试线上，电阻值应小于______ Ω
8	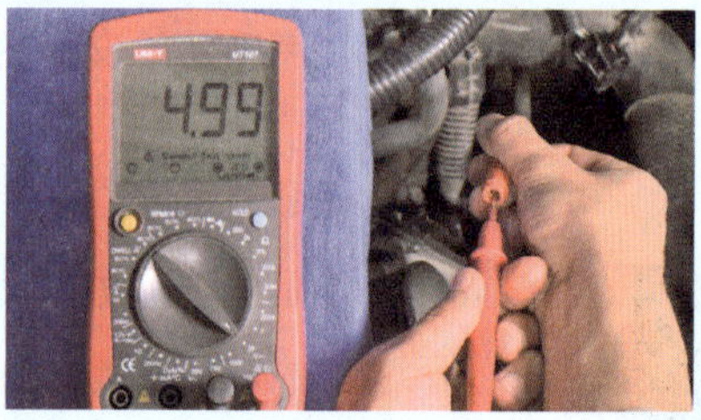	在点火开关打开状态下，万用表置于“20 V”的直流电压挡。红表笔置于连接器 5 号供电端子专用测试线上，测量节气门位置传感器电源电压约为______ V。测试完毕，拆下专用测试线
9		在点火开关关闭状态下，用 T 形连接线连接节气门体及其连接器
10	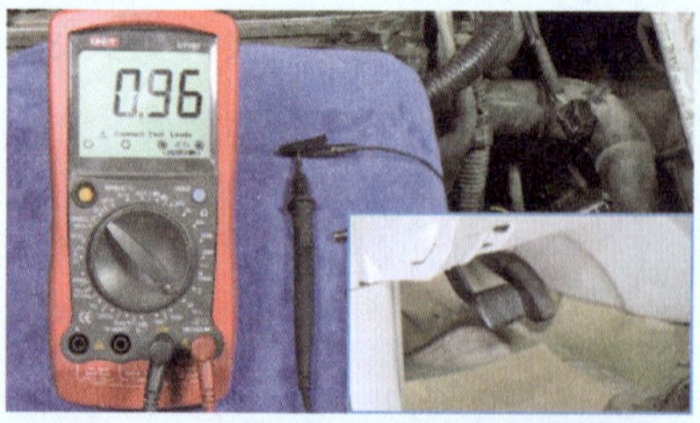 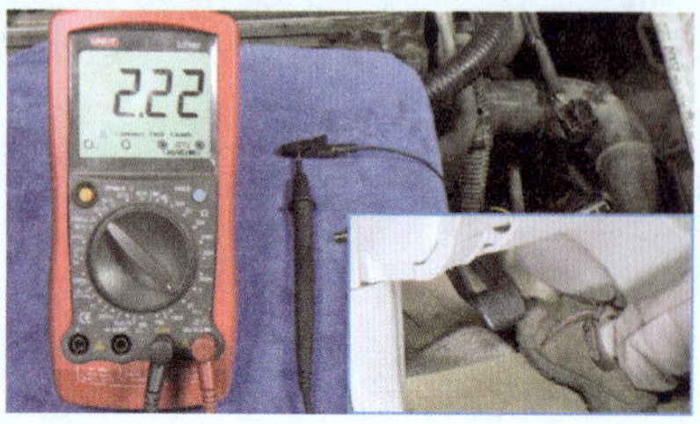	在点火开关打开状态下，将黑表笔置于连接器 3 号搭铁端子上，红表笔置于连接器 6 号 VTA 信号端子 T 形连接线上，测量节气门位置传感器信号电压 未踩加速踏板时，电压约为________ V，加速踏板踩到底时，电压约为______ V

续表

序号	图示	步骤及技术要点
11		将红表笔置于连接器 4 号 VTA2 信号端子 T 形连接线上，测量节气门位置传感器信号电压 未踩加速踏板时，电压约为______V，加速踏板踩到底时，电压约为______V
12		检测完毕，按照“5S”标准整理场地

任务评价

项目	作业内容	评价要点	配分	评价
准备工作	场地准备	工位应干净、整洁，地面无油污	1	□
		车辆停靠在合适位置	1	□
	设备检查	铺设翼子板及前格栅布	2	□
		铺设车内四件套	2	□
	人员防护	工作服穿戴整齐	2	□
		拆装操作时应佩戴棉纱手套	2	□
	工具、量具检查	检查 T 形连接线是否备齐，有无破损	3	□
		检查数字万用表是否能正常工作	2	□
操作	操作要点	能使用 KT710 故障诊断仪读取故障码	10	□
		能读取节气门位置传感器数据流	10	□
		能拆下节气门体遮挡附件	7	□
		能断开节气门体连接器	7	□
		能使用数字万用表测量节气门位置传感器电阻值	8	□
		能测量不同状态下节气门位置传感器信号电压	8	□

续表

项目	作业内容	评价要点	配分	评价
操作	技术规范	能规范操作故障诊断仪检测节气门位置传感器	5	□
		能规范操作数字万用表测量节气门位置传感器线路	5	□
		能根据测量数据对节气门位置传感器进行分析	5	□
		能查阅维修手册，了解节气门位置传感器相关端子号及技术参数	5	□
职业素养	安全及合作	特殊操作应佩戴安全帽、防酸碱手套或绝缘手套、护目镜等防护用品	5	□
		能查阅维修手册并严格执行技术规范，有良好的责任心和职业道德	5	□
	“5S”管理	注意操作安全，不随意放置工具、量具，不应有其他安全隐患	3	□
		能按正确步骤操作，不得损坏车辆、设备等，按环保规定处理废弃物，不可发生语言争执或肢体碰撞，避免人员受伤	2	□
总评分				

任务二十四 电动燃油泵的拆卸

学习目标

1. 能说出电动燃油泵的功能及结构组成。
2. 能掌握电动燃油泵的拆卸步骤。
3. 能选择合适工具拆卸电动燃油泵总成。
4. 能按正确操作步骤对电动燃油泵总成进行分解。

任务描述

一辆丰田卡罗拉1.6 L轿车进店维护保养，该车行驶超过100 000 km，客户反映车辆在冷态时启动困难，勉强启动后怠速不稳且频繁熄火，经检查发现是电动燃油泵无法供油导致，需对其进行拆卸检查。本任务的主要内容是电动燃油泵的拆卸。

问题1：电动燃油泵拆卸前，应如何卸除燃油管路压力？

____

____

问题2：断开燃油管路时有哪些注意事项？

____

____

任务准备

1. 工具器材

操作前需要准备以下设备、工具及辅助材料等（以单工位为例）。

设备、工具及辅助材料

序号	名称	规格	数量
1	实训车	丰田卡罗拉 1.6 L	1
2	燃油管卡钳	—	1
3	工具车	JTC 三层	1
4	零件车	—	1
5	棉纱手套	—	2
6	翼子板及前格栅布	—	1
7	车内四件套	—	1
8	燃油泵仪表挡圈拆装工具	—	1

2. 分工及操作

职务	代码	姓名	工作内容
组长	A		
组员	B		
	C		
	D		
	E		

任务实施

下面以丰田卡罗拉 1.6 L 车型为例，介绍电动燃油泵的拆卸方法。

序号	图示	步骤及技术要点
1		打开发动机引擎盖，安装翼子板、前格栅布和车内四件套
2		拆下后排座椅坐垫总成

续表

序号	图示	步骤及技术要点
3	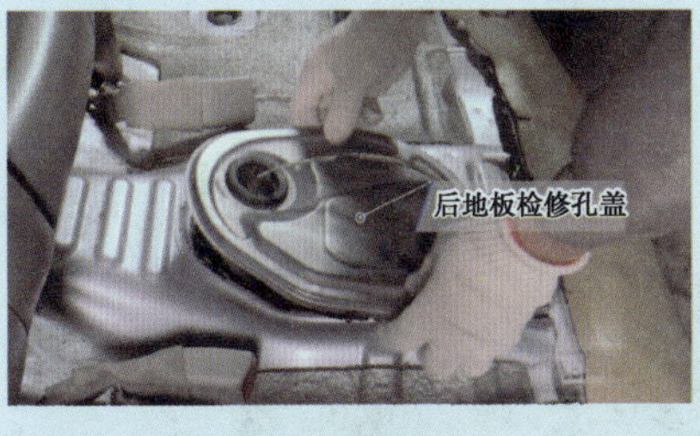 后地板检修孔盖	拆下后地板检修孔盖
4	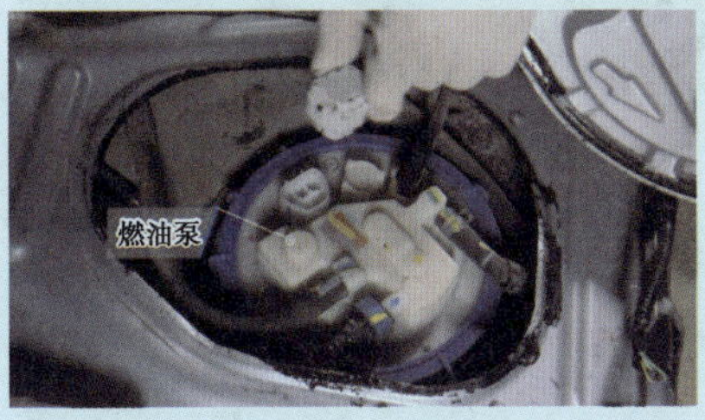 燃油泵	在点火开关关闭的状态下，从燃油泵上断开连接器
5		启动发动机，在发动机自然停止后，关闭点火开关 注意：在等待发动机自然停止时，不要提高发动机转速或行驶车辆
6		再次启动发动机，确认发动机不启动，使燃油管路油压完全卸除
7	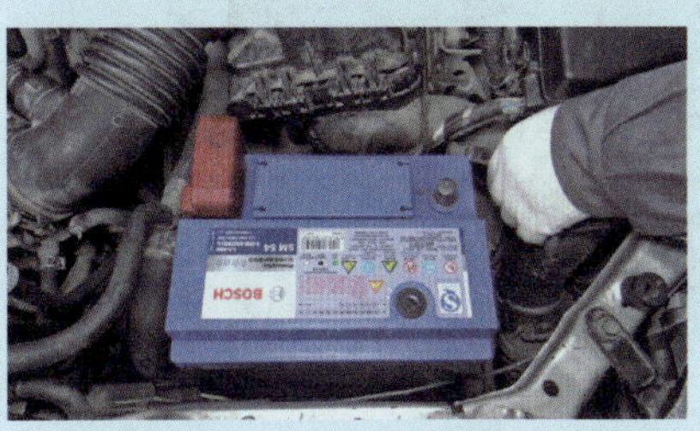	断开蓄电池负极电缆

续表

序号	图示	步骤及技术要点
8	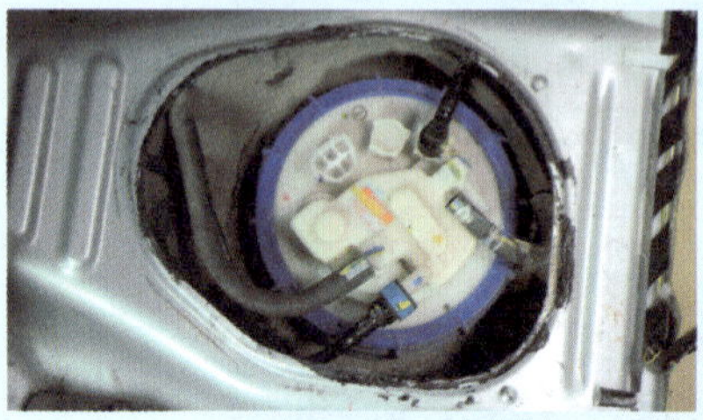	用燃油管卡钳分别断开燃油箱 2 号蒸发管、1 号燃油蒸发管、燃油箱主管、1 号炭罐软管 注意：操作燃油系统时，严禁________，必要时将__________
9		用________拆卸燃油泵总成挡圈
10		取出燃油泵总成，排净燃油，将其置于油盒内 注意：拆卸燃油泵总成时，油箱内燃油量应少于______
11	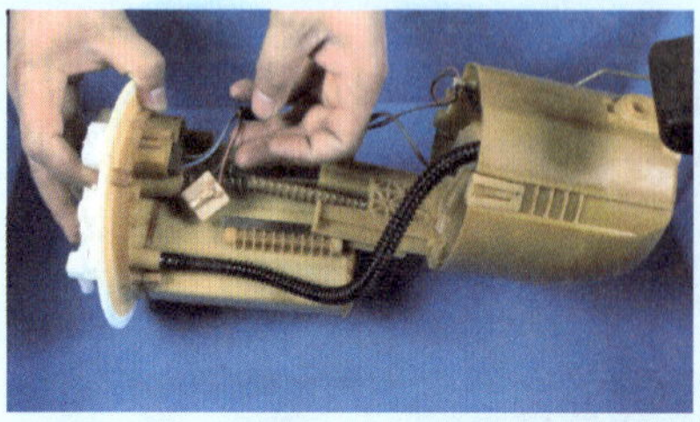	断开____________连接器

续表

序号	图示	步骤及技术要点
12	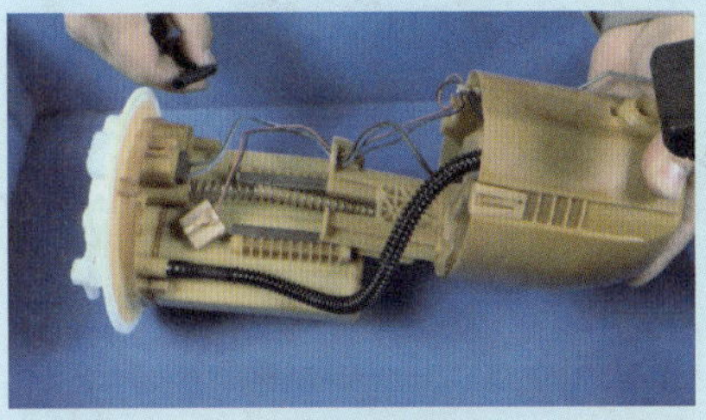	从线束上拆下线束保护装置
13	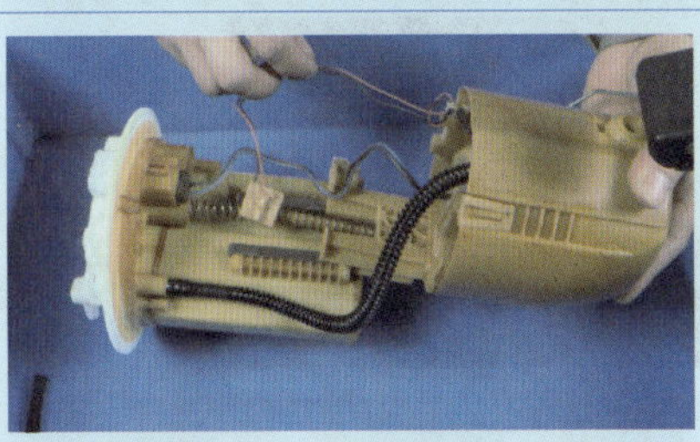	断开线束卡夹
14	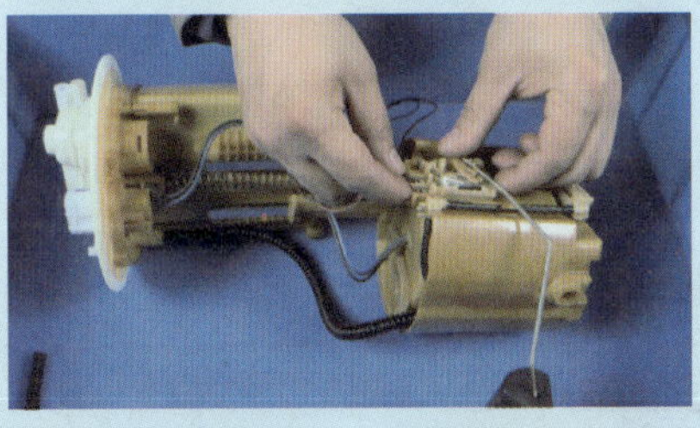	松开燃油表传感器锁止装置，滑动燃油表传感器总成并将其拆下
15	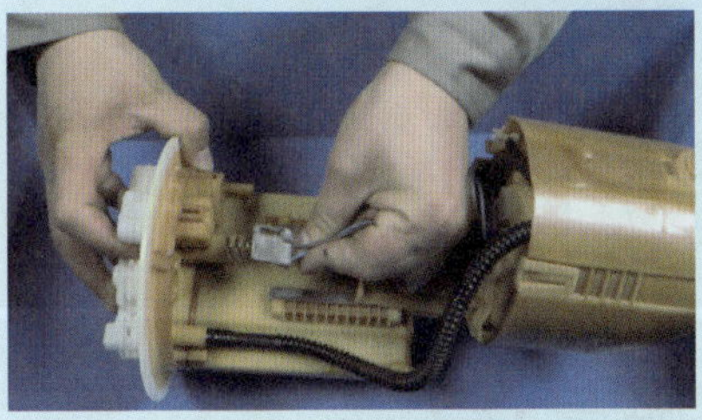 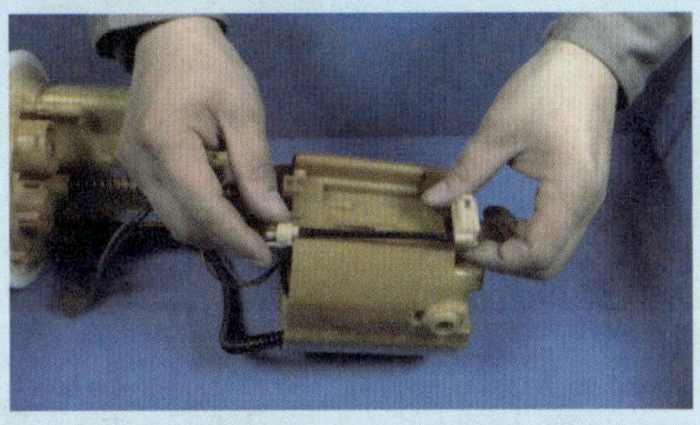	断开燃油泵线束连接器和燃油泵滤清器软管
16	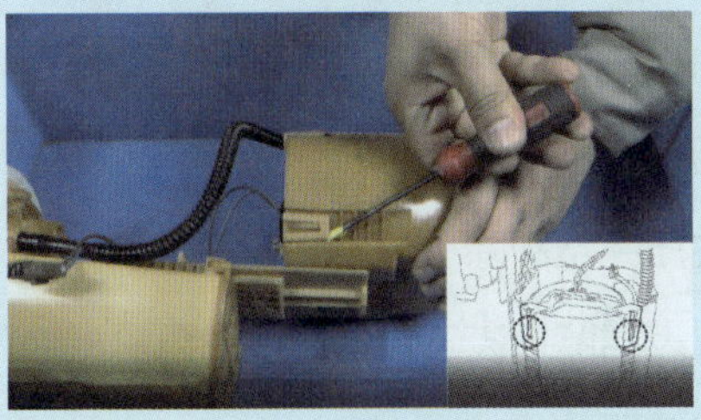	用头部缠有____________的一字旋具脱开燃油滤清器支架与副油箱连接的两个卡爪，从副油箱上拆下燃油滤清器总成
17	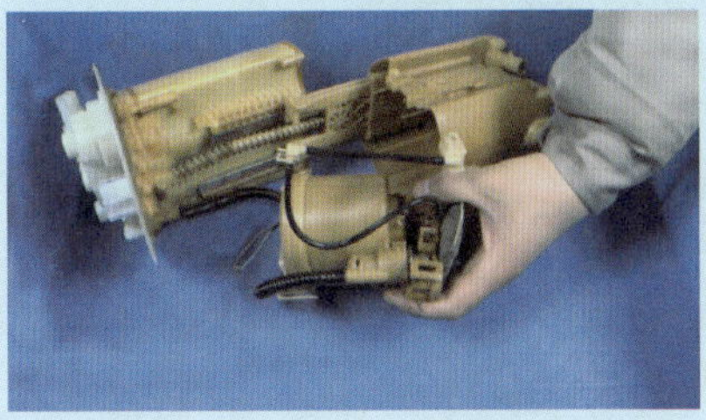 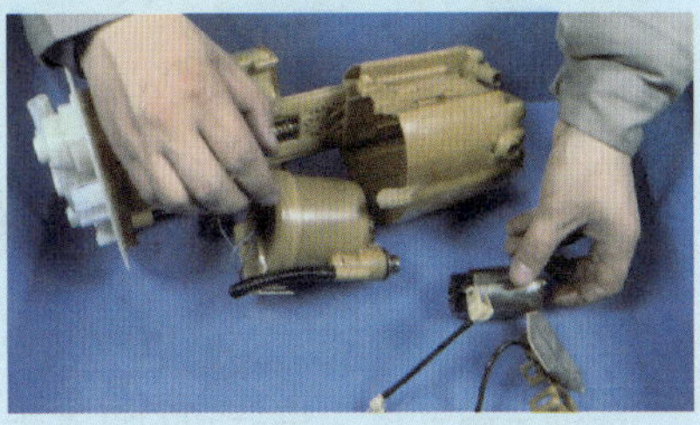	脱开燃油泵与燃油滤清器壳体连接的五个卡爪，从燃油滤清器上拆下燃油泵，断开燃油泵连接器

续表

序号	图示	步骤及技术要点
18		用头部缠有保护胶带的________拆下燃油压力调节器总成
19		摆放好拆下的零部件并按照“5S”要求恢复场地

任务评价

项目	作业内容	评价要点	配分	评价
准备工作	场地准备	工位应干净、整洁，地面无油污	1	□
		车辆停靠在合适位置	1	□
	设备检查	铺设翼子板及前格栅布	2	□
		铺设车内四件套	2	□
	人员防护	工作服穿戴整齐	2	□
		拆装操作时应佩戴棉纱手套	2	□
	工具、量具检查	检查工具车中工具是否齐全，有无损坏等情况	3	□
		检查燃油泵总成外观有无破损，零件是否缺失	2	□
操作	操作要点	能拆卸后排座椅坐垫总成	10	□
		能按规定拆卸后地板检修孔盖	5	□
		能将燃油管路油压完全卸除	7	□
		能使用燃油泵仪表挡圈拆装工具拆卸燃油泵总成挡圈	8	□
		能拆卸燃油表传感器总成	5	□
		能拆卸燃油滤清器总成	5	□
		能断开燃油泵连接器	10	□
	技术规范	能按操作规范拆卸燃油泵总成	5	□
		能根据维修手册，脱开燃油泵总成各卡爪	5	□
		能使用头部缠有保护胶带的一字旋具脱开燃油泵滤清器总成	5	□
		能说出电动燃油泵拆卸的基本步骤	5	□

续表

项目	作业内容	评价要点	配分	评价
职业素养	安全及合作	特殊操作应佩戴安全帽、防酸碱手套或绝缘手套、护目镜等防护用品，油液接触皮肤应及时清洗	5	□
		能查阅维修手册并严格执行技术规范，有良好的责任心和职业道德	5	□
	“5S”管理	注意操作安全，不随意放置工具、量具，不应有其他安全隐患	3	□
		能按正确步骤操作，不得损坏车辆、设备等，按环保规定处理废弃物，不可发生语言争执或肢体碰撞，避免人员受伤	2	□
总评分				

任务二十五 电动燃油泵及燃油表传感器的检测

学习目标

1. 能说出电动燃油泵的结构组成及工作原理。
2. 能使用数字万用表对电动燃油泵及燃油表传感器进行检测。
3. 能按正确操作程序检测电动燃油泵。
4. 能通过测试数据分析燃油表传感器是否故障。

任务描述

一辆丰田卡罗拉1.6 L轿车进店维护保养，该车行驶超过100 000 km，客户反映车辆在冷态时启动困难，勉强启动后怠速不稳并频繁熄火，经检查发现是由于电动燃油泵无法供油，需拆卸检查。上一任务已完成电动燃油泵的拆卸，本任务的主要内容是电动燃油泵及燃油表传感器的检测。

问题1：检测电动燃油泵时有哪些注意事项？

____

____

问题2：燃油表传感器的作用是什么？

____

____

相关知识

电动燃油泵是现代轿车中燃油供给系统的重要组成部分，是一种高效、节能、环保的高新技术产品，在现代汽车中的应用十分广泛。电动燃油泵运行的可靠性直接关系到发动机的运行情况，进而影响汽车的整体性能。燃油表用于指示汽车燃油箱内的存油量，它由燃油指示表、油面高度传感器以及电源稳压器等组成。燃油表传感器收集油量信息，在燃油箱内的燃油量少于某一规定值时立即发亮报警，以引起驾驶员的注意。

任务准备

1. 工具器材

操作前需要准备以下设备、工具及辅助材料等（以单工位为例）。

设备、工具及辅助材料

序号	名称	规格	数量
1	电动燃油泵	丰田卡罗拉 1.6 L	1
2	燃油表传感器	丰田卡罗拉 1.6 L	1
3	数字万用表	—	1
4	专用测试线	—	2
5	蓄电池	—	1
6	零件车	—	1
7	工具车	JTC 三层	1

2. 分工及操作

职务	代码	姓名	工作内容
组长	A		
组员	B		
	C		
	D		
	E		

任务实施

下面以丰田卡罗拉 1.6 L 车型为例，介绍电动燃油泵及燃油表传感器的检测方法。

序号	图示	步骤及技术要点
1	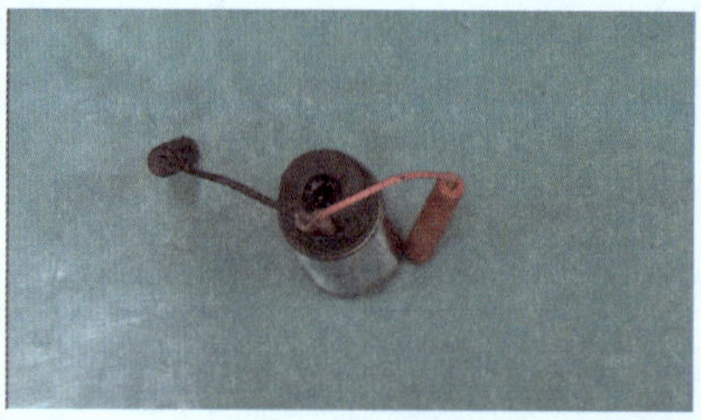 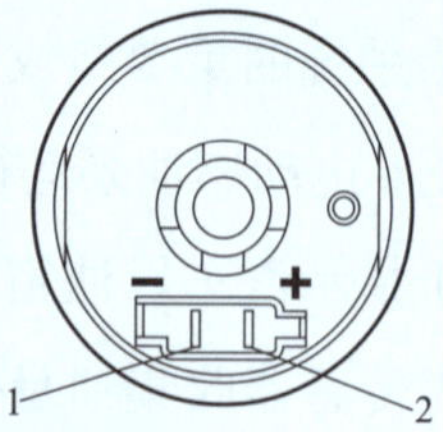	将燃油泵 1 号端子与黑色专用测试线连接，2 号端子与红色专用测试线连接
2	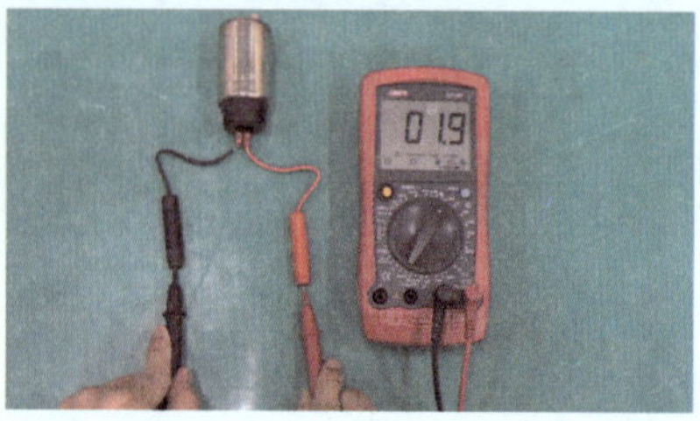	打开数字万用表电源开关，将其置于“200 Ω”电阻挡。红表笔与燃油泵 2 号端子专用测试线连接，黑表笔与 1 号端子专用测试线连接，电动燃油泵电阻值应为________Ω
3	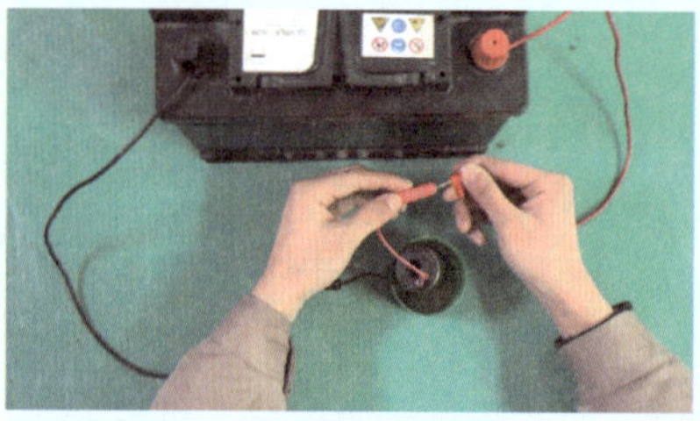	将黑色专用测试线与蓄电池负极连接线连接，红色专用测试线与蓄电池正极连接线连接，电动燃油泵应能正常工作 注意：务必在蓄电池侧边通电测试燃油泵，燃油泵尽量远离蓄电池，防止电火花引燃残余汽油造成事故。通电测试须在______s 内完成，防止燃油泵线圈烧坏
4	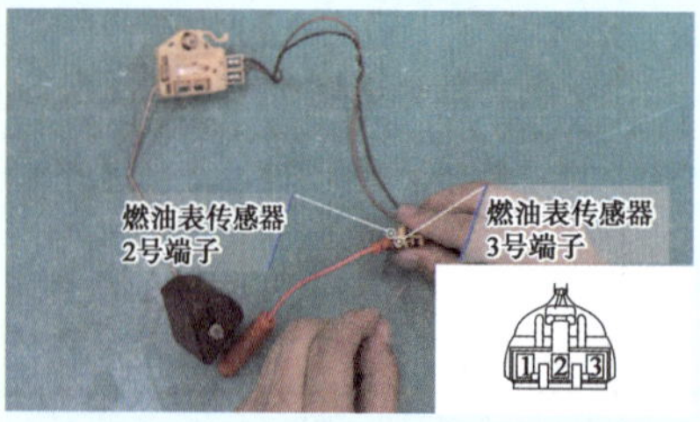	用专用测试线与燃油表传感器______端子和______端子连接
5	 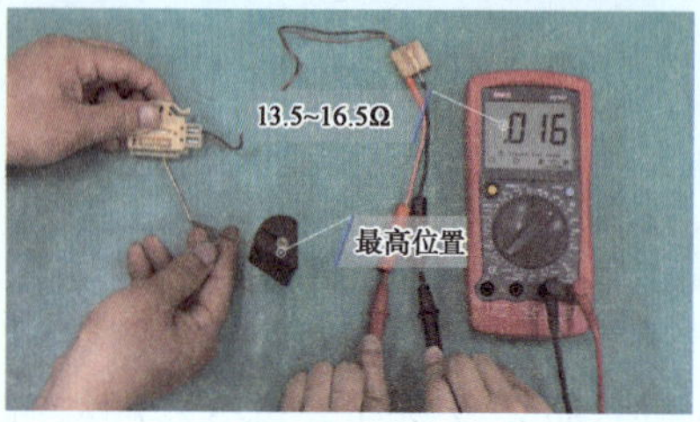	数字万用表置于“2 kΩ”电阻挡，红、黑表笔分别与 2 号、3 号端子专用测试线连接 调整燃油表传感器油浮子至______，电阻值应为 405 ~ 414.5 Ω 调整燃油表传感器油浮子至______，电阻值应为 13.5 ~ 16.5 Ω 按照“5S”要求恢复场地

任务评价

项目	作业内容	评价要点	配分	评价
准备工作	场地准备	工位应干净、整洁，地面无油污	1	□
		零件车和工具车放置于合适位置	1	□
	设备检查	检查燃油表传感器有无破损	2	□
		检查电动燃油泵外观有无破损，零件是否缺失	2	□
	人员防护	工作服穿戴整齐	2	□
	工具、量具检查	检查数字万用表是否能正常工作	3	□
		检查专用测试线是否备齐，有无破损	2	□
操作	操作要点	能将专用测试线正确连接至电动燃油泵线束端子	10	□
		能用数字万用表测试电动燃油泵内阻值	7	□
		能结合蓄电池检测电动燃油泵工作情况	7	□
		能将专用测试线正确连接至燃油表传感器线束端子	8	□
		能根据燃油表传感器油浮子的不同位置测试燃油表传感器电阻值	5	□
		能正确连接电动燃油泵与蓄电池正负极	5	□
		能正确记录、分析测试结果	10	□
	技术规范	能调节数字万用表合适挡位测试电阻值	5	□
		能在 10 s 内完成电动燃油泵通电测试	5	□
		能查阅维修手册，了解电动燃油泵相关技术参数	5	□
		能通过测量数据判断电动燃油泵及燃油表传感器是否故障	5	□
职业素养	安全及合作	特殊操作应佩戴安全帽、防酸碱手套或绝缘手套、护目镜等防护用品	5	□
		能查阅维修手册并严格执行技术规范，有良好的责任心和职业道德	5	□
	“5S”管理	注意操作安全，不随意放置工具、量具，不应有其他安全隐患	3	□
		能按正确步骤操作，不得损坏车辆、设备等，按环保规定处理废弃物，不可发生语言争执或肢体碰撞，避免人员受伤	2	□
总评分				

任务二十六 电动燃油泵的安装

学习目标

1. 能根据维修手册完成电动燃油泵总成的安装。
2. 能选择合适工具安装电动燃油泵。
3. 能正确连接电动燃油泵油管及其相关线束。
4. 能说出电动燃油泵安装过程中的注意事项。

任务描述

一辆丰田卡罗拉 1.6 L 轿车进店维护保养，该车行驶超过 100 000 km，客户反映车辆在冷态时启动困难，勉强启动后怠速不稳并频繁熄火，经检查发现是由于电动燃油泵无法供油，需拆卸检查后重新安装。本任务的主要内容是电动燃油泵的安装。

问题 1：燃油表传感器的安装位置在哪里？

____

____

问题 2：如何检查电动燃油泵挡圈的配合情况？

____

____

任务准备

1. 工具器材

操作前需要准备以下设备、工具及辅助材料等（以单工位为例）。

设备、工具及辅助材料

序号	名称	规格	数量
1	实训车	丰田卡罗拉 1.6 L	1
2	燃油泵仪表挡圈拆装工具	—	1
3	工具车	JTC 三层	1
4	汽油	—	1
5	零件车	—	1
6	翼子板及前格栅布	—	1
7	车内四件套	—	1

2. 分工及操作

职务	代码	姓名	工作内容
组长	A		
组员	B		
	C		
	D		
	E		

任务实施

下面以丰田卡罗拉 1.6 L 车型为例，介绍电动燃油泵的安装方法。

序号	图示	步骤及技术要点
1		打开发动机引擎盖，安装翼子板、前格栅布和车内四件套
2		在____________的两个“O”形密封圈上涂抹汽油，将其安装至燃油滤清器上

续表

序号	图示	步骤及技术要点
3	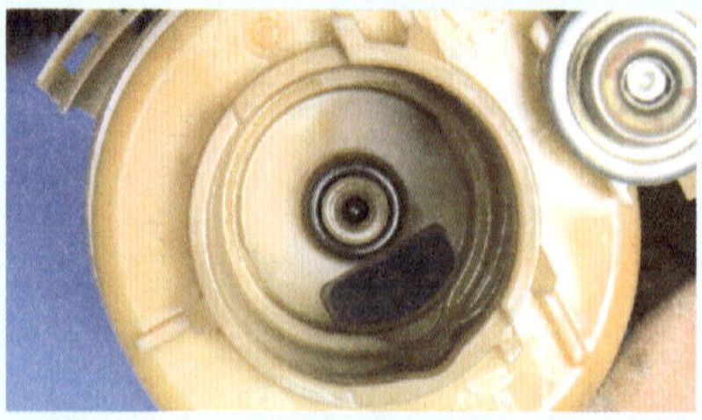	将新燃油泵“O”形密封圈安装到燃油滤清器上并涂抹汽油
4	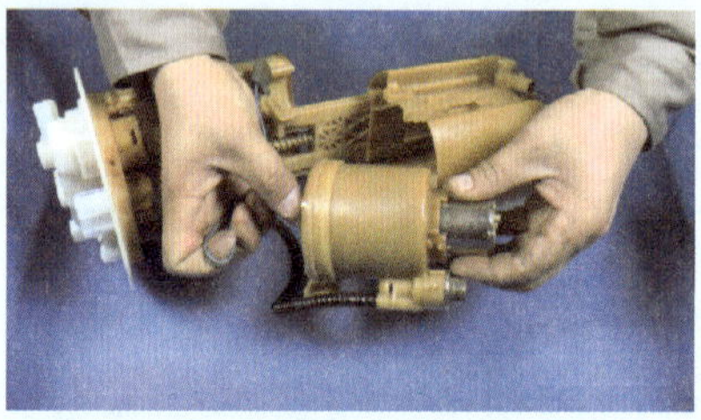	连接燃油泵连接器，将燃油泵安装至燃油滤清器上
5	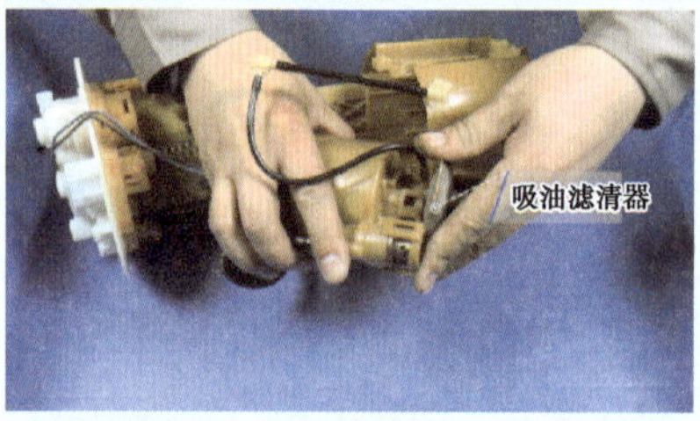 吸油滤清器	安装吸油滤清器，并连接五个汽油燃油泵的卡爪 注意：________________
6	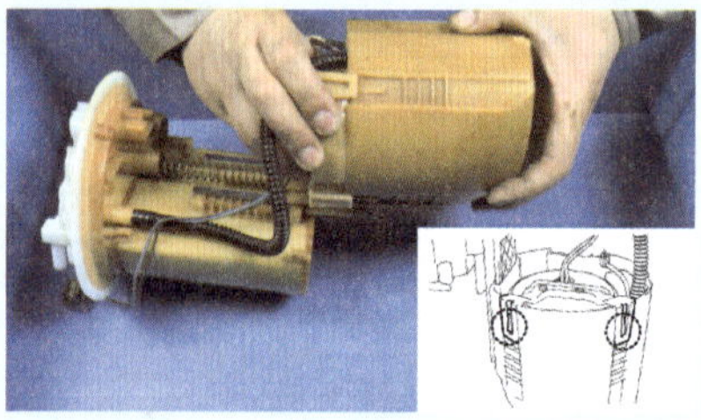	连接吸油管支架的两个卡爪，将燃油滤清器和燃油泵安装到副燃油箱上
7		将燃油泵滤清器软管槽对准副燃油箱的切口并安装软管 注意：________________ ________________________
8	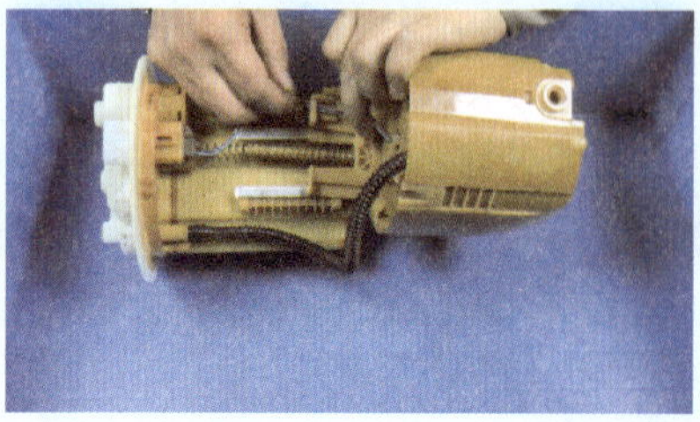	连接燃油泵线束连接器，连接线束卡夹

续表

序号	图示	步骤及技术要点
9		滑动燃油表传感器总成并将其锁止，连接线束卡夹，连接燃油表传感器总成连接器，安装线束保护装置
10		检查燃油泵挡圈的配合情况，将燃油泵挡圈手动安装至燃油箱 如果能用手转动燃油泵挡圈______或更多，说明燃油泵挡圈可重复使用。否则，应更换新的燃油泵挡圈
11		检查完毕，拆下燃油泵挡圈
12	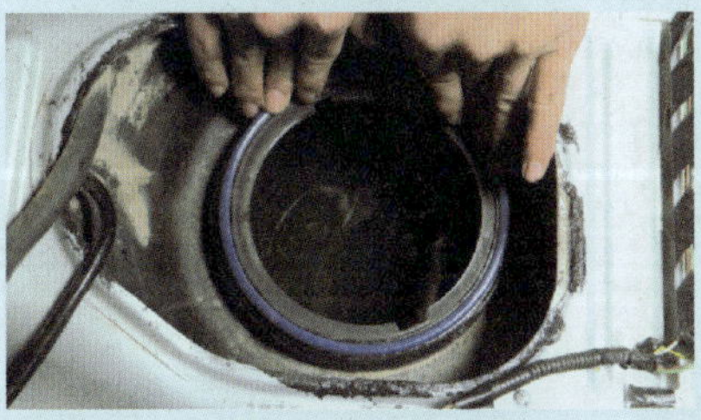	将新的密封垫圈安装到燃油箱上
13	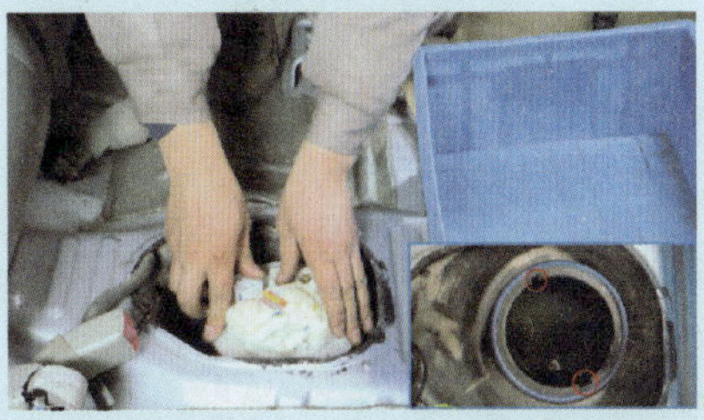	将燃油泵总成凸出部分对准燃油箱槽口，将燃油泵总成装入燃油箱内
14	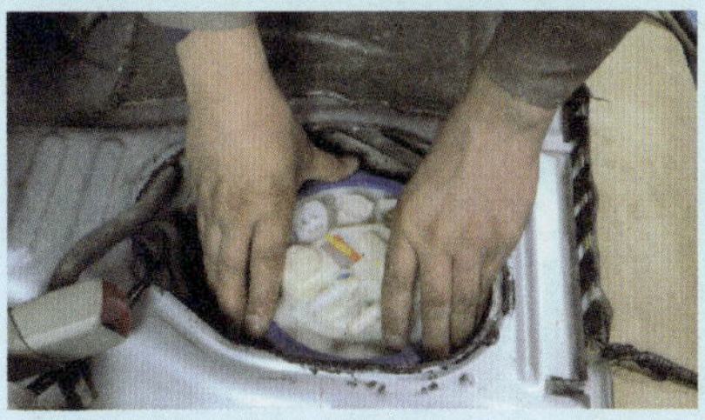	用手按压燃油泵总成防止其倾斜时，将燃油泵挡圈安装至燃油箱上，用手拧紧____________至少______

续表

序号	图示	步骤及技术要点
15		将燃油泵仪表挡圈拆装工具的槽口插入燃油泵挡圈肋片，顺时针拧动挡圈，使挡圈上的箭头标记落在规定范围内 注意：____________________
16	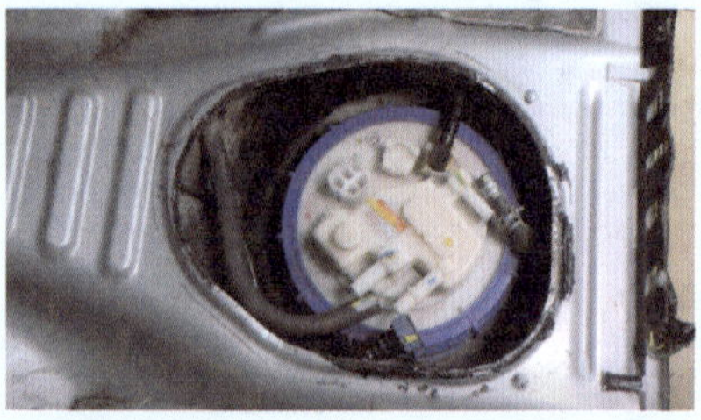	将燃油箱主管接头推入燃油泵总成的螺塞里，安装油管接头卡子
17	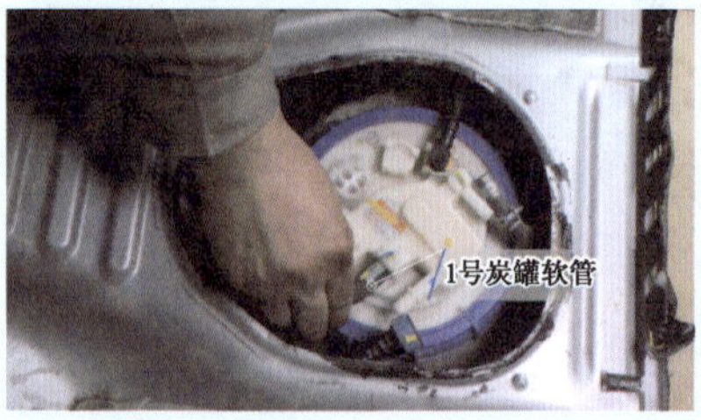	连接 1 号炭罐软管
18	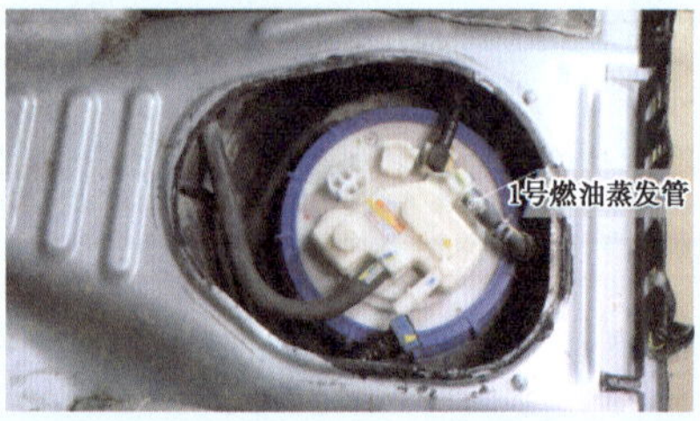	连接 1 号燃油蒸发管，用卡箍锁紧
19	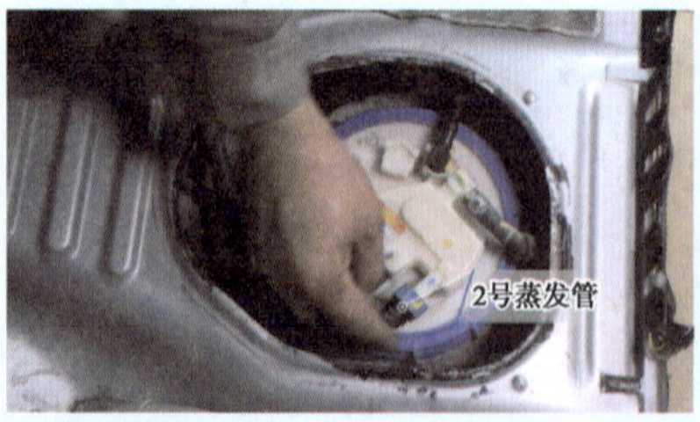	连接 2 号蒸发管，锁紧
20		连接燃油泵总成连接器

续表

序号	图示	步骤及技术要点
21	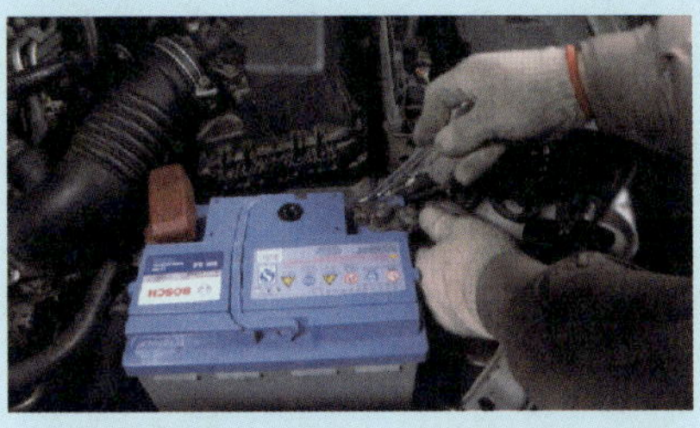	连接________________
22	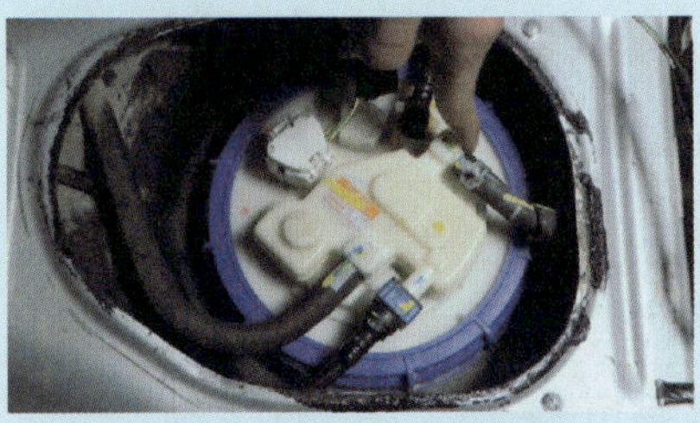	启动发动机，检查燃油管连接处是否_______
23	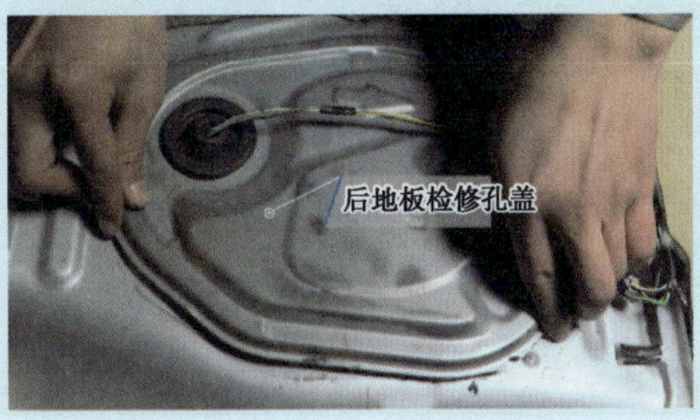 后地板检修孔盖	安装后地板检修孔盖
24	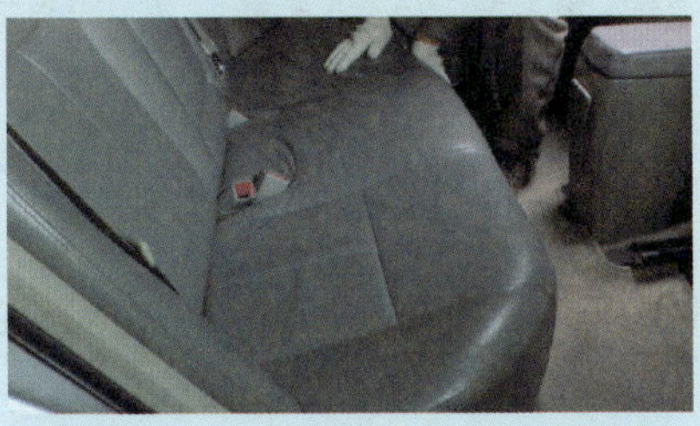	安装后排座椅坐垫总成
25		按照“5S”要求恢复场地

任务评价

项目	作业内容	评价要点	配分	评价
准备工作	场地准备	工位应干净、整洁，地面无油污	1	□
		车辆停靠在合适位置	1	□
	设备检查	铺设翼子板及前格栅布	2	□
		铺设车内四件套，准备两只灭火器	2	□
	人员防护	工作服穿戴整齐	2	□
	工具、量具检查	检查工具车中工具是否齐全，有无损坏等情况	3	□
		检查电动燃油泵外观有无破损，零件是否缺失	2	□
操作	操作要点	能将电动燃油泵安装至燃油滤清器上	10	□
		能将电动燃油泵和燃油滤清器总成安装至副燃油箱上	7	□
		能连接电动燃油泵及燃油表传感器线束	7	□
		能检查电动燃油泵挡圈的配合情况	8	□
		能使用燃油泵挡圈安装专用工具安装电动燃油泵挡圈	5	□
		能连接电动燃油泵总成各连接线束及燃油管路	5	□
		能安装后排座椅坐垫总成	10	□
	技术规范	能查阅维修手册，了解电动燃油泵安装相关技术规范	5	□
		能独立完成电动燃油泵总成的安装	5	□
		能说出电动燃油泵的安装顺序	5	□
		能说出电动燃油泵的安装注意事项	5	□
职业素养	安全及合作	特殊操作应佩戴安全帽、防酸碱手套或绝缘手套、护目镜等防护用品，油液接触皮肤应及时清洗	5	□
		能查阅维修手册并严格执行技术规范，有良好的责任心和职业道德	5	□
	“5S”管理	注意操作安全，不随意放置工具、量具，不应有其他安全隐患	3	□
		能按正确步骤操作，不得损坏车辆、设备等，按环保规定处理废弃物，不可发生语言争执或肢体碰撞，避免人员受伤	2	□
总评分				

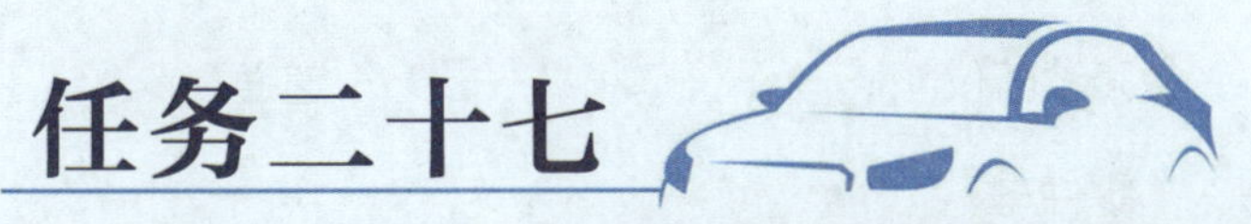

任务二十七 喷油器的检测

学习目标

1. 能说出喷油器的作用及喷油特性。
2. 能查阅维修手册，了解喷油器相关知识。
3. 能使用故障诊断仪检测喷油器。
4. 能通过测量数据分析喷油器是否故障。

任务描述

一辆丰田卡罗拉 1.6 L 轿车进店维护保养，该车行驶超过 100 000 km，客户反映车辆发动机动力下降、加速缓慢、怠速不稳且容易熄火，经检查为喷油器故障。本任务的主要内容是喷油器的检测。

问题：喷油器检测时有哪些注意事项？

____

____

任务准备

1. 工具器材

操作前需要准备以下设备、工具及辅助材料等（以单工位为例）。

设备、工具及辅助材料

序号	名称	规格	数量
1	实训车	丰田卡罗拉 1.6 L	1
2	专用测试线	—	2
3	数字万用表	—	1
4	工具车	JTC 三层	1
5	故障诊断仪	道通 908	1
6	零件车	—	1
7	T 形连接线	—	1
8	棉纱手套	—	2
9	翼子板及前格栅布	—	1
10	车内四件套	—	1

2. 分工及操作

职务	代码	姓名	工作内容
组长	A		
组员	B		
	C		
	D		
	E		

任务实施

下面以丰田卡罗拉 1.6 L 车型为例，介绍喷油器的检测方法。

序号	图示	步骤及技术要点
1		打开发动机引擎盖，安装翼子板、前格栅布和车内四件套

续表

序号	图示	步骤及技术要点
2	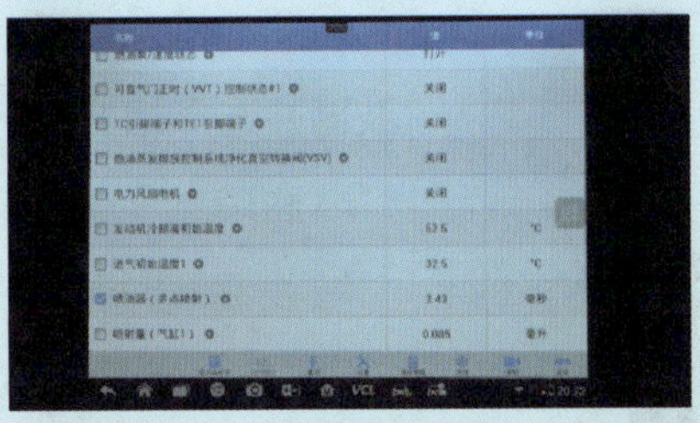	用道通 908 故障诊断仪读取数据流 注意：怠速时，喷油脉宽应为__________ms
3		关闭发动机，拆下发动机盖罩
4	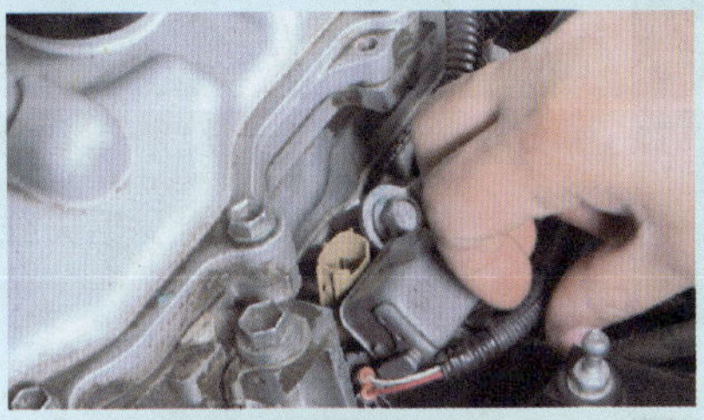 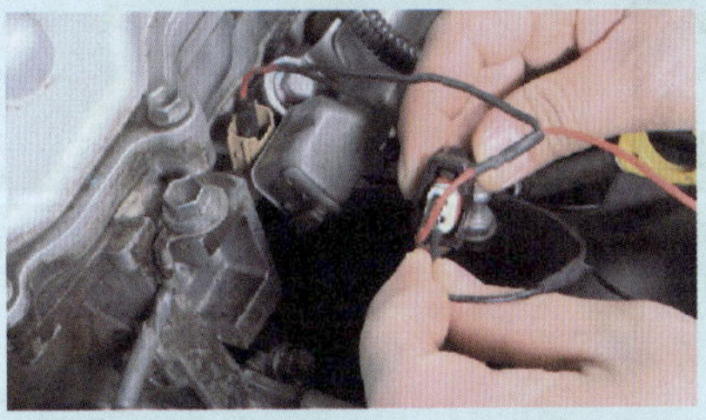	在点火开关关闭状态下，断开 1 缸喷油器连接器，用 T 形连接线连接喷油器与其连接器
5	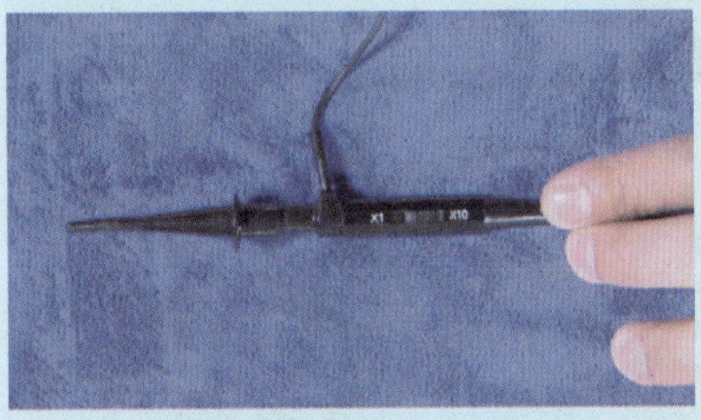	将示波器测试线探头开关拨至“_____”挡
6	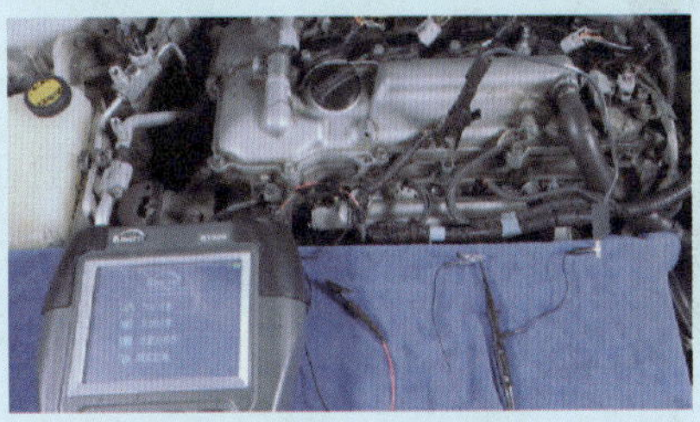	将示波器测试探头搭铁，探头检测线与喷油器 2 号控制端子 T 形连接线连接

续表

序号	图示	步骤及技术要点
7		在发动机怠速运转状态下，打开示波器并选择相应执行器检测界面，在“燃油喷射”波形检测界面，点击“触发源选择”并选择一号通道（CH1），此时可以观察到喷油器的波形、发动机转速、最大幅值和喷油时间 注意：如果屏幕显示波形不完整，可以______________，使波形显示完整且处于屏幕中间
8		将发动机转速提升至______r/min，观察波形及所有参数，若不正常，应检查喷油器及相关线路
9		波形测试完毕，示波器退回主界面并断开测试线
10		打开数字万用表电源，将其置于“20 V”直流电压挡，黑表笔搭铁，红表笔与喷油器 1 号供电端子 T 形连接线相连，电压约为______V
11		测量完毕，断开 T 形连接线

续表

序号	图示	步骤及技术要点
12	1 2	用专用测试线分别与喷油器 1 号端子、2 号端子连接
13		将数字万用表置于“200 Ω”电阻挡，红、黑表笔分别连接喷油器 1 号端子、2 号端子专用测试线，电阻值约为______Ω
14		断开蓄电池负极电缆
15	B31 #40 #30 #20 #10	拆下____________________，将专用测试线与 108 号端子连接，将数字万用表黑表笔与专用测试线连接
16		用专用测试线与喷油器连接器 2 号端子连接，将数字万用表红表笔与专用测试线连接，线路电阻值应小于______Ω

续表

序号	图示	步骤及技术要点
17		测量完毕，断开专用测试线并关闭数字万用表电源开关，连接喷油器连接器
18		连接发动机 ECU 与其连接器，安装蓄电池________电缆
19		按照“5S”要求恢复场地

任务评价

项目	作业内容	评价要点	配分	评价
准备工作	场地准备	工位应干净、整洁，地面无油污	1	□
		车辆停靠在合适位置	1	□
	设备检查	铺设翼子板及前格栅布	2	□
		铺设车内四件套	2	□
	人员防护	工作服穿戴整齐	2	□
		拆装操作时应佩戴棉纱手套	2	□
	工具、量具检查	检查工具车中工具是否齐全，有无损坏等情况	3	□
		检查数字万用表是否能正常工作	2	□

续表

项目	作业内容	评价要点	配分	评价
操作	操作要点	能使用道通 908 故障诊断仪检测喷油器	10	□
		能使用示波器检测喷油器信号波形	5	□
		能正确连接 T 形连接线与喷油器端子线束	7	□
		能正确调整波形图的完整性	8	□
		能正确识读波形参数	5	□
		能检测喷油器线路电阻值	5	□
		能正确分析测量数据	10	□
	技术规范	能说出道通 908 故障诊断仪的使用方法及注意事项	5	□
		能正确使用示波器检测喷油器	5	□
		能正确使用数字万用表检测喷油器线路电阻值及电压值	5	□
		能查阅维修手册，了解喷油器相关技术参数	5	□
职业素养	安全及合作	特殊操作应佩戴安全帽、防酸碱手套或绝缘手套、护目镜等防护用品，油液接触皮肤应及时清洗	5	□
		能查阅维修手册并严格执行技术规范，有良好的责任心和职业道德	5	□
	“5S”管理	注意操作安全，不随意放置工具、量具，不应有其他安全隐患	3	□
		能按正确步骤操作，不得损坏车辆、设备等，按环保规定处理废弃物，不可发生语言争执或肢体碰撞，避免人员受伤	2	□
总评分				

任务二十八

喷油器的拆卸

学习目标

1. 能说出喷油器的作用及类型。
2. 能对燃油系统卸压。
3. 能按照正确操作步骤拆卸喷油器。
4. 能说出喷油器卸压时的注意事项。

任务描述

一辆丰田卡罗拉 1.6 L 轿车进店维护保养，该车行驶超过 100 000 km，客户反映车辆发动机动力下降、加速缓慢、怠速不稳且容易熄火，经检查为喷油器故障，需要对喷油器进行拆装。本任务的主要内容是喷油器的拆卸。

问题：喷油器拆卸时有哪些注意事项？

____

____

任务准备

1. 工具器材

操作前需要准备以下设备、工具及辅助材料等（以单工位为例）。

设备、工具及辅助材料

序号	名称	规格	数量
1	实训车	丰田卡罗拉 1.6 L	1
2	燃油管卡夹	—	1
3	工具车	JTC 三层	1
4	零件车	—	1
5	棉纱手套	—	2
6	翼子板及前格栅布	—	1
7	车内四件套	—	1

2. 分工及操作

职务	代码	姓名	工作内容
组长	A		
组员	B		
	C		
	D		
	E		

任务实施

下面以丰田卡罗拉 1.6 L 车型为例，介绍喷油器的拆卸方法。

序号	图示	步骤及技术要点
1		打开发动机引擎盖，安装翼子板、前格栅布和车内四件套
2		拆下后排座椅坐垫总成

续表

序号	图示	步骤及技术要点
3	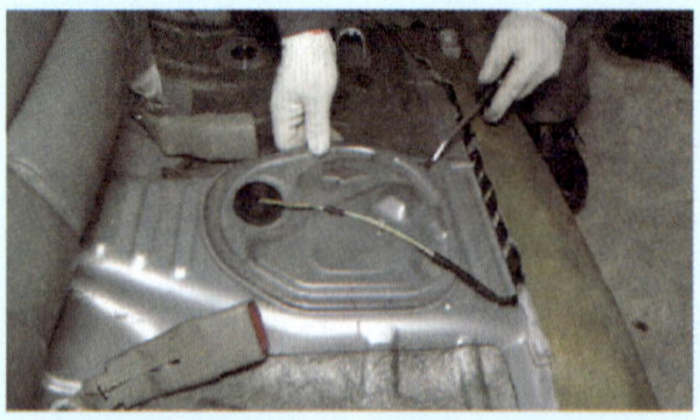	拆下后地板检修孔盖
4	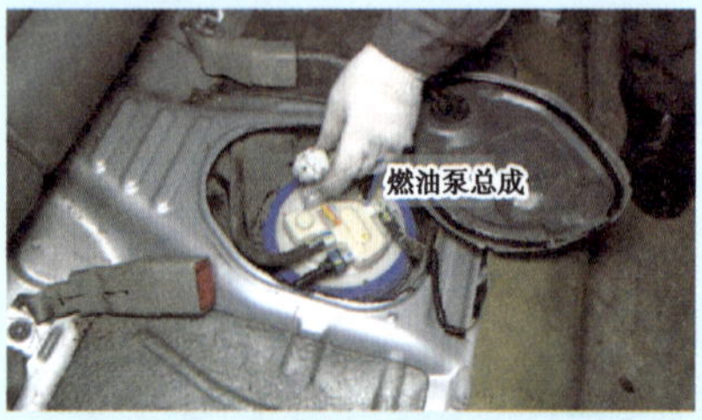 燃油泵总成	从燃油泵总成上断开连接器
5		启动发动机，在发动机自然停止后，将点火开关置于______位置 注意：在等待发动机自然停止时，不要________________
6	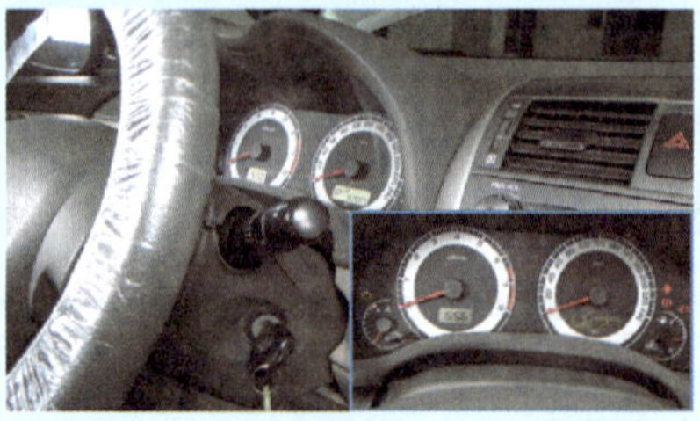	再次启动发动机，确认发动机不启动，燃油系统卸压完成
7		从蓄电池负极端子断开______电缆
8		分离 2 号通风软管

续表

序号	图示	步骤及技术要点
9		拆下 2 个搭铁线固定螺栓，断开搭铁线
10		断开 4 个喷油器总成连接器
11		断开喷油器线束卡夹
12		拆下 2 个支架固定螺栓并取下线束支架
13	 2号燃油管卡夹	拆下 2 号燃油管卡夹
14	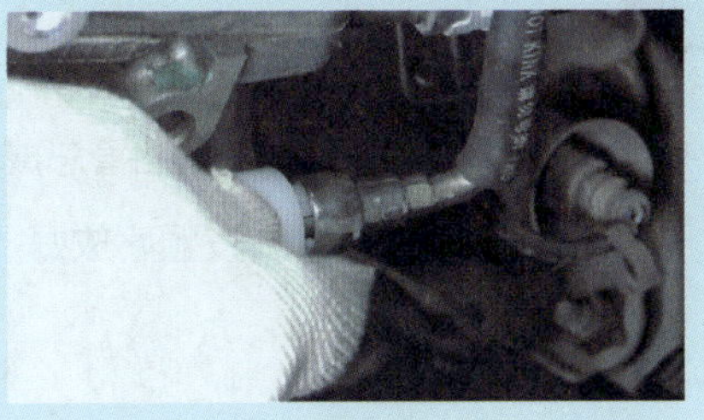	用燃油管卡夹断开燃油管总成

续表

序号	图示	步骤及技术要点
15		拆下燃油输油管线束支架固定螺栓并取下线束支架
16		拆下输油管固定螺栓
17		拆下燃油输油管 2 个固定螺栓
18	 	取下输油管总成，取下 2 个输油管隔垫 注意：喷油器孔应__________________，以防止杂物掉入
19	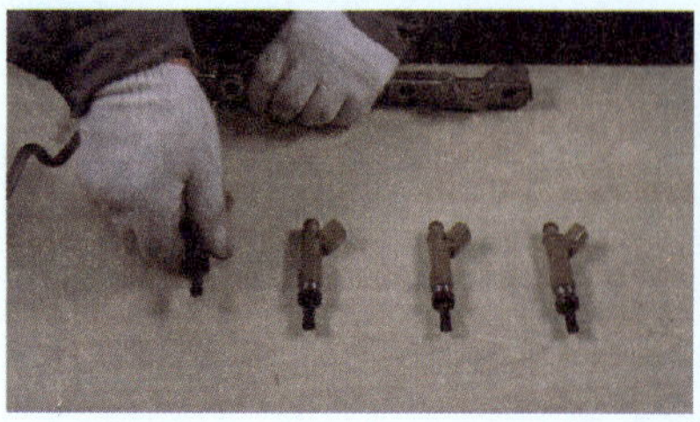	从燃油输油管总成中拆下 4 个喷油器总成，按顺序放好

续表

序号	图示	步骤及技术要点
20		取下 4 个喷油器隔振垫，喷油器拆卸完成
21		摆放好拆下的零部件并按照“5S”要求恢复场地

任务评价

项目	作业内容	评价要点	配分	评价
准备工作	场地准备	工位应干净、整洁，地面无油污	1	□
		车辆停靠在合适位置	1	□
	设备检查	铺设翼子板及前格栅布	2	□
		铺设车内四件套	2	□
	人员防护	工作服穿戴整齐	2	□
		拆装操作时应佩戴棉纱手套	2	□
	工具、量具检查	检查工具车中工具是否齐全，有无损坏等情况	3	□
		检查燃油管卡夹有无损坏	2	□
操作	操作要点	能拆卸后排座椅坐垫总成及后地板检修孔盖	5	□
		能对燃油系统卸压	10	□
		能用工具正确拆卸喷油器总成连接器	7	□
		能断开喷油器线束卡夹	8	□
		能拆卸燃油输油管线束支架	5	□
		能从喷油器总成上拆下喷油器隔振垫	5	□
		能将拆下的喷油器相关部件按顺序摆放，方便安装	10	□
	技术规范	能说出喷油器的拆卸顺序	5	□
		能说出先卸压后拆喷油器的原理	10	□
		能知道用干净抹布盖住喷油器孔，以防杂物掉入	5	□

续表

项目	作业内容	评价要点	配分	评价
职业素养	安全及合作	特殊操作应佩戴安全帽、防酸碱手套或绝缘手套、护目镜等防护用品，油液接触皮肤应及时清洗	5	□
		能查阅维修手册并严格执行技术规范，有良好的责任心和职业道德	5	□
	“5S”管理	注意操作安全，不随意放置工具、量具，不应有其他安全隐患	3	□
		能按正确步骤操作，不得损坏车辆、设备等，按环保规定处理废弃物，不可发生语言争执或肢体碰撞，避免人员受伤	2	□
总评分				

任务二十九 喷油器的安装

学习目标

1. 能说出喷油器的喷雾特性。
2. 能根据维修手册，独立进行喷油器的安装。
3. 能按维修手册规定力矩拧紧喷油器总成螺栓。
4. 能正确安装喷油器输油管及相关线束。

任务描述

一辆丰田卡罗拉1.6 L轿车进店维护保养，该车行驶超过100 000 km，客户反映车辆发动机动力下降、加速缓慢、怠速不稳且容易熄火，经检查为喷油器故障，需要对喷油器拆卸后再安装。上一任务已完成喷油器的拆卸，本任务的主要内容是安装新的喷油器。

问题：喷油器安装时有哪些注意事项？

____

____

任务准备

1. 工具器材

操作前需要准备以下设备、工具及辅助材料等（以单工位为例）。

设备、工具及辅助材料

序号	名称	规格	数量
1	实训车	丰田卡罗拉 1.6 L	1
2	喷油器隔振垫	丰田卡罗拉 1.6 L	4
3	燃油管卡夹	—	1
4	工具车	JTC 三层	1
5	可调式扭力扳手	5 ~ 25 N · m	1
6	零件车	—	1
7	棉纱手套	—	2
8	翼子板及前格栅布	—	1
9	车内四件套	—	1
10	汽油	—	1

2. 分工及操作

职务	代码	姓名	工作内容
组长	A		
组员	B		
	C		
	D		
	E		

任务实施

下面以丰田卡罗拉 1.6 L 车型为例，介绍喷油器的安装方法。

序号	图示	步骤及技术要点
1		打开发动机引擎盖，安装翼子板、前格栅布和车内四件套
2		将新喷油器隔振垫安装到喷油器总成上

续表

序号	图示	步骤及技术要点
3	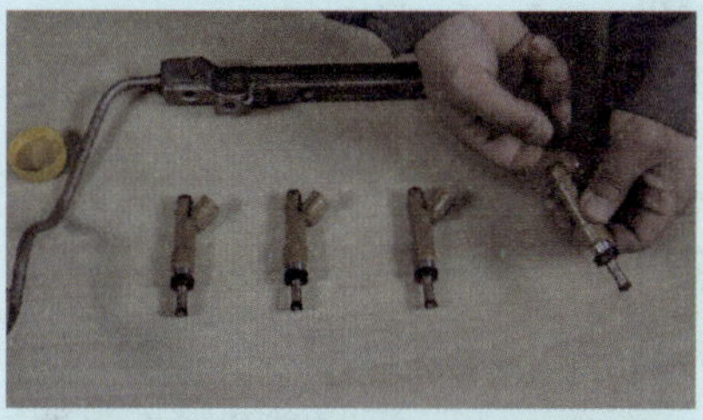 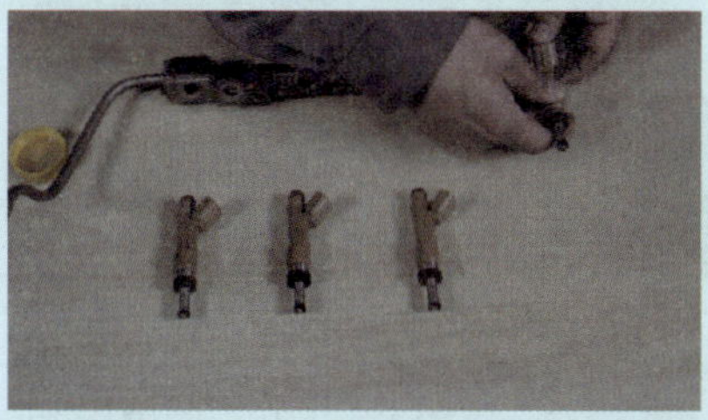	在喷油器总成“O”形圈接触面涂抹一层汽油。向左和向右转动喷油器总成，以将其安装到输油管总成上 注意：不要扭曲“O”形圈。安装喷油器后，检查并确认____________________
4		将2个1号输油管隔垫安装到气缸盖上
5		安装输油管总成和4个喷油器总成，暂时安装2个螺栓 注意：安装输油管总成后，检查喷油器总成是否转动平稳
6		用可调式扭力扳手将2个螺栓紧固至规定扭矩，扭矩为______N·m
7	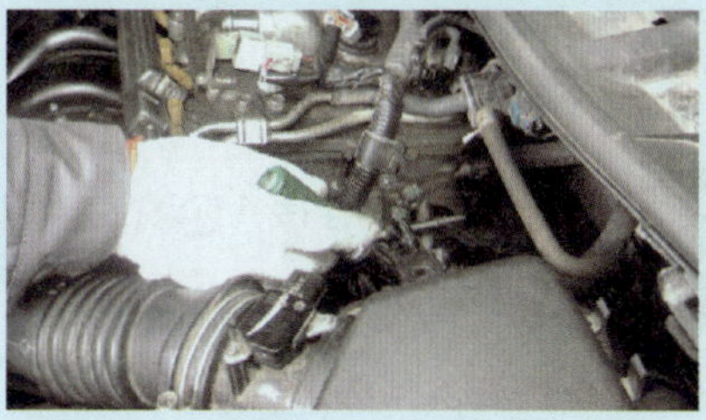	用可调式扭力扳手安装螺栓以固定输油管总成，扭矩为______N·m

续表

序号	图示	步骤及技术要点
8		用螺栓固定线束支架
9	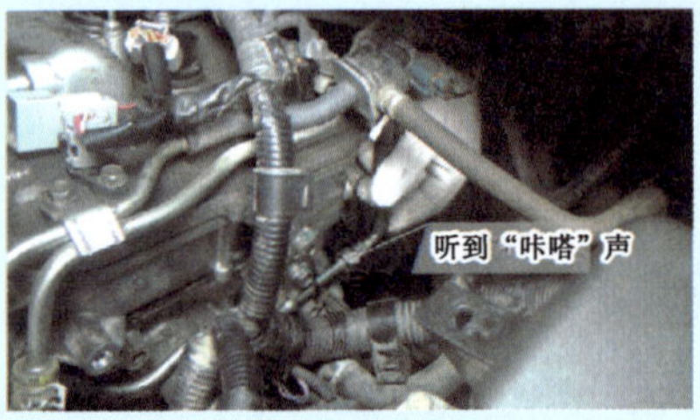 听到“咔嗒”声	将燃油管连接器插入输油管，直到听到“咔嗒”声 注意：（1）在发动机工作前，检查并确认________________________ （2）连接燃油管后，拉动燃油管连接器与燃油管，检查并确认两者已牢固连接
10	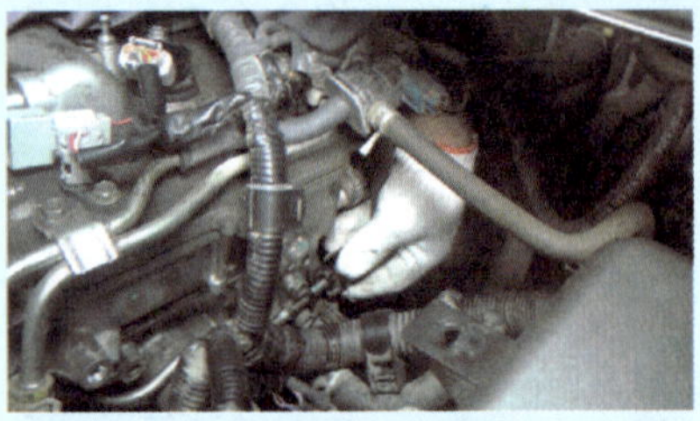	安装新的 2 号燃油管卡夹
11	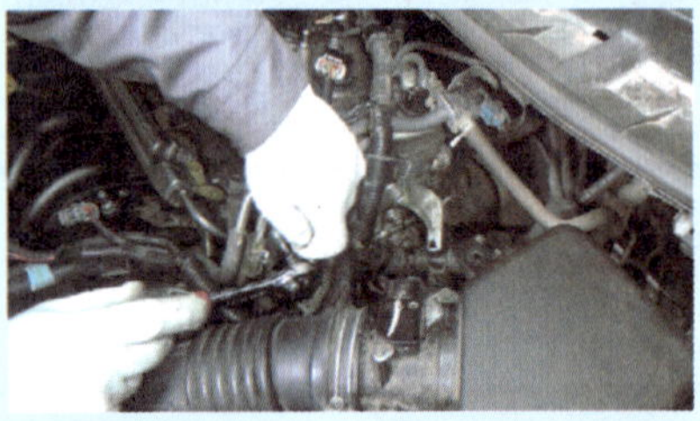	用 2 个螺栓安装 2 个线束支架
12		连接__________线束卡夹
13		连接 4 个喷油器总成连接器

续表

序号	图示	步骤及技术要点
14		用 2 个螺栓连接搭铁线
15	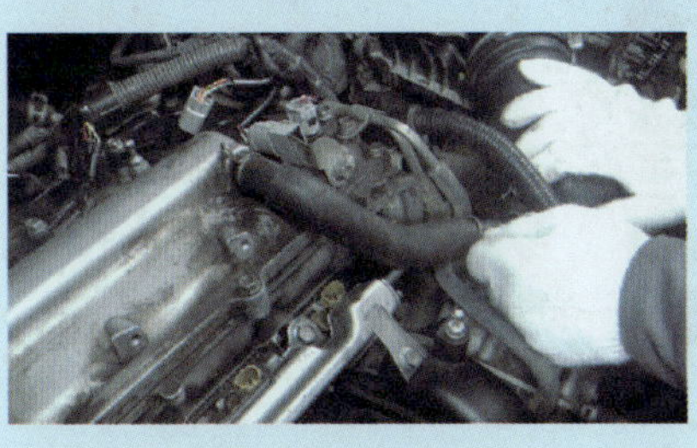	连接 2 号通风软管
16		连接燃油泵总成连接器
17	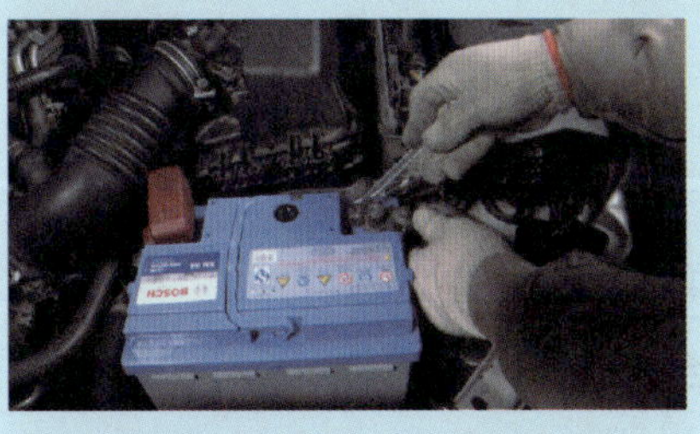	将电缆连接到蓄电池负极端子，可调式扭力扳手扭矩为______N · m
18	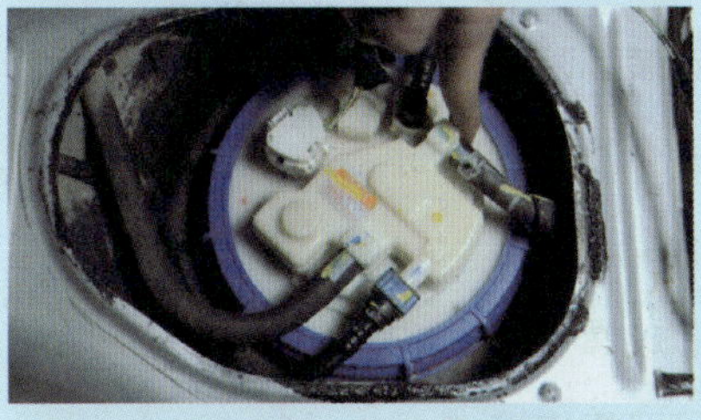	检查并确认____________________________
19	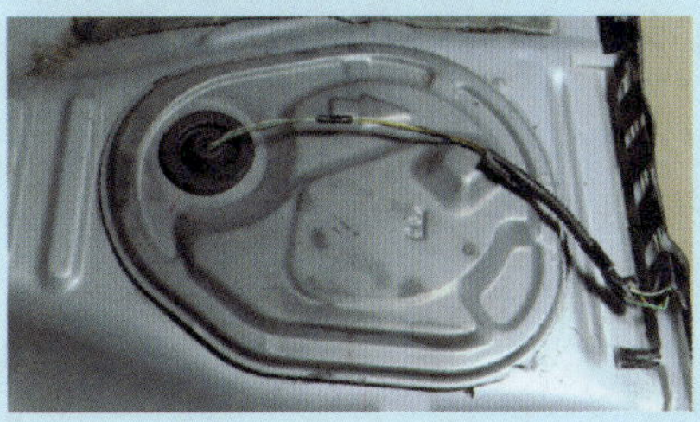	安装后地板检修孔盖

续表

序号	图示	步骤及技术要点
20		安装后排座椅坐垫总成
21		按照“5S”要求恢复场地

任务评价

项目	作业内容	评价要点	配分	评价
准备工作	场地准备	工位应干净、整洁，地面无油污	1	□
		车辆停靠在合适位置	1	□
	设备检查	铺设翼子板及前格栅布	2	□
		铺设车内四件套	2	□
	人员防护	工作服穿戴整齐	2	□
		拆装操作时应佩戴棉纱手套	2	□
	工具、量具检查	检查工具车中工具是否齐全，有无损坏等情况	3	□
		检查可调式扭力扳手规格是否合适，是否有损坏	2	□
操作	操作要点	能按规定将喷油器隔振垫安装到喷油器总成上	5	□
		能正确安装输油管总成和4个喷油器总成	7	□
		能检查喷油器总成安装完后是否平稳	8	□
		能用规定力矩拧紧输油管总成螺栓	10	□
		能将燃油管连接器与燃油管可靠连接	5	□
		能检查燃油管连接器和燃油管的断开部分周围是否有划痕或异物	10	□
	技术规范	能在喷油器总成“O”形圈接触面涂抹一层汽油	10	□
		喷油器安装完成后，能检查并确认燃油系统各部位均无泄漏	10	□
		能及时检查各项安装的可靠性	5	□

续表

项目	作业内容	评价要点	配分	评价
职业素养	安全及合作	特殊操作应佩戴安全帽、防酸碱手套或绝缘手套、护目镜等防护用品，油液接触皮肤应及时清洗	5	□
		能查阅维修手册并严格执行技术规范，有良好的责任心和职业道德	5	□
	“5S”管理	注意操作安全，不随意放置工具、量具，不应有其他安全隐患	3	□
		能按正确步骤操作，不得损坏车辆、设备等，按环保规定处理废弃物，不可发生语言争执或肢体碰撞，避免人员受伤	2	□
总评分				

任务三十 凸轮轴位置传感器的检测

学习目标

1. 能说出凸轮轴位置传感器的作用。
2. 能使用故障诊断仪和示波器检测凸轮轴位置传感器。
3. 能正确连接凸轮轴位置传感器端子线束。
4. 能说出凸轮轴位置传感器检测时的注意事项。

任务描述

一辆大众朗逸 1.4 T 轿车进店维护保养，该车行驶超过 100 000 km，客户反映车辆发动机有时启动困难、加速无力且故障指示灯点亮，经故障诊断仪检测发现为凸轮轴位置传感器故障。本任务的主要内容是凸轮轴位置传感器的检测。

问题：凸轮轴位置传感器拆卸时有哪些注意事项？

____

____

任务准备

1. 工具器材

操作前需要准备以下设备、工具及辅助材料等（以单工位为例）。

设备、工具及辅助材料

序号	名称	规格	数量
1	实训车	大众朗逸 1.4 T	1
2	专用测试线	—	2
3	T 形连接线	—	1
4	数字万用表	—	1
5	工具车	JTC 三层	1
6	故障诊断仪	KT710	1
7	零件车	—	1
8	棉纱手套	—	2
9	翼子板及前格栅布	—	1
10	车内四件套	—	1

2. 分工及操作

职务	代码	姓名	工作内容
组长	A		
组员	B		
	C		
	D		
	E		

任务实施

下面以大众朗逸 1.4 T 车型为例，介绍凸轮轴位置传感器的检测方法。

序号	图示	步骤及技术要点
1	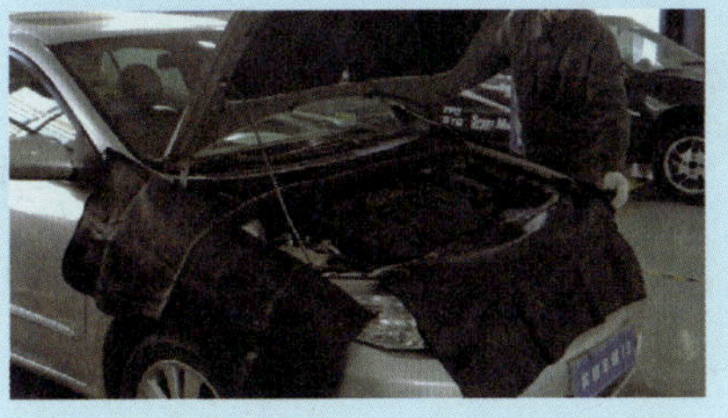	打开发动机引擎盖， 安装翼子板、前格栅布和车内四件套

续表

序号	图示	步骤及技术要点
2		用 KT710 故障诊断仪读取故障码，清除故障码后再次读取。如果故障码重复出现，应检查凸轮轴位置传感器及其相关线路 注意：故障码“P0343”“P0342”说明凸轮轴位置传感器线路断路或短路，传感器本身或发动机控制单元有故障
3		拆下发动机盖罩
4		在点火开关关闭状态下，断开进气凸轮轴位置传感器连接器
5		用 T 形连接线连接凸轮轴位置传感器及其连接器
6		将 3 号搭铁端子 T 形连接线与示波器搭铁线连接，将 2 号信号端子 T 形连接线与__________检测线连接

续表

序号	图示	步骤及技术要点
7	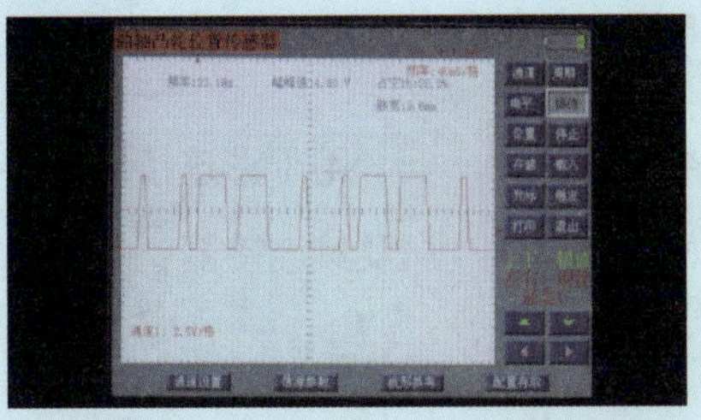	在发动机__________状态下，打开示波器，选择对应传感器检测界面，观察波形应为峰值为 5 V 的矩形波。测量完毕，断开 T 形连接线
8		用专用测试线连接凸轮轴位置传感器连接器 3 个端子
9	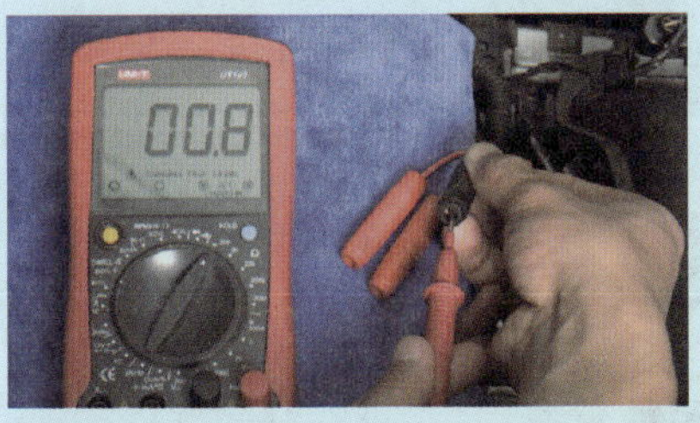	在点火开关________状态下，打开数字万用表电源开关，将其置于“200 Ω”电阻挡，黑表笔搭铁，红表笔与 3 号搭铁端子专用测试线连接，电阻值应小于 1 Ω
10		在点火开关________状态下，数字万用表置于“20 V”直流电压挡，黑表笔搭铁，红表笔与 1 号供电端子专用测试线连接，供电电压约为 5 V
11	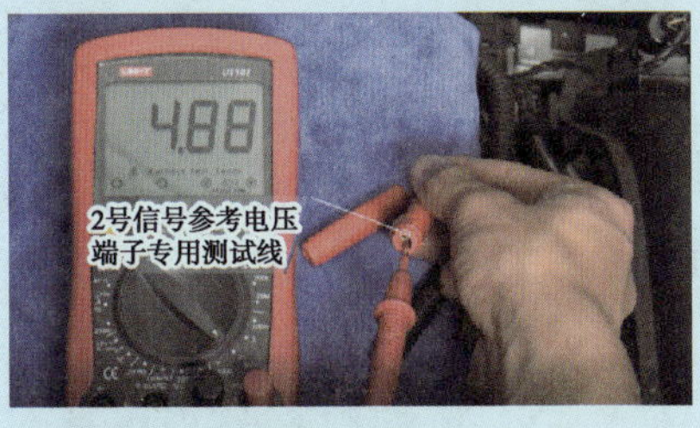	红表笔与 2 号信号参考电压端子专用测试线连接，信号参考电压约为 4.88 V。测量完毕，断开专用测试线
12	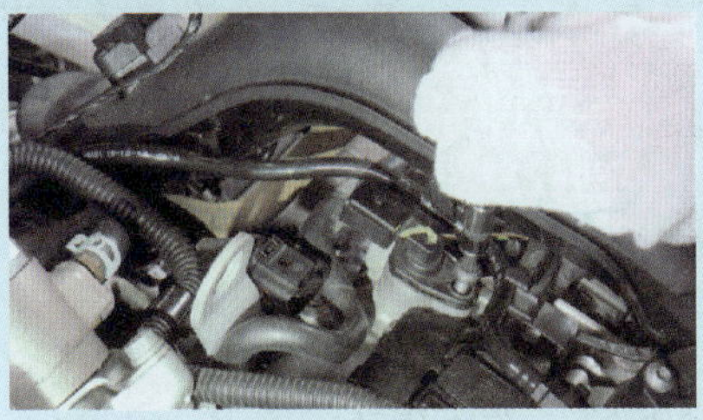	拆下凸轮轴位置传感器

续表

序号	图示	步骤及技术要点
13		用 T 形连接线连接凸轮轴位置传感器及其连接器
14		在点火开关打开状态下，打开数字万用表电源开关，将其置于“20 V”直流电压挡，将 3 号搭铁端子 T 形连接线与数字万用表黑表笔连接，将 2 号信号端子 T 形连接线与数字万用表红表笔连接，信号电压约为 4.88 V。将具有导磁作用的金属靠近传感器头部，此时电压应从________V 变为______V
15		检测完毕，按照“5S”标准整理场地，将凸轮轴位置传感器装回到车辆上

任务评价

项目	作业内容	评价要点	配分	评价
准备工作	场地准备	工位应干净、整洁，地面无油污	1	□
		车辆停靠在合适位置	1	□
	设备检查	铺设翼子板及前格栅布	2	□
		铺设车内四件套	2	□
	人员防护	工作服穿戴整齐	2	□
		拆装操作时应佩戴棉纱手套	2	□
	工具、量具检查	检查工具车中工具是否齐全，有无损坏等情况	3	□
		检查示波器及其连接线是否备齐，有无损坏	2	□

续表

项目	作业内容	评价要点	配分	评价
操作	操作要点	能用 KT710 故障诊断仪读取故障码	10	□
		能按规定拆卸发动机盖罩	5	□
		能在点火开关关闭时断开凸轮轴位置传感器连接器	7	□
		能用示波器检测凸轮轴位置传感器波形	8	□
		能使用数字万用表检测凸轮轴位置传感器线束电压	5	□
		能按照要求拆装凸轮轴位置传感器	5	□
		能使用具有导磁作用的金属件测试凸轮轴位置传感器是否故障	10	□
	技术规范	能独立拆装凸轮轴位置传感器	5	□
		能根据维修手册检测凸轮轴位置传感器	5	□
		能对凸轮轴位置传感器连接器端子进行测量	5	□
		能熟练使用数字万用表并能正确进行挡位切换	5	□
职业素养	安全及合作	特殊操作应佩戴安全帽、防酸碱手套或绝缘手套、护目镜等防护用品，油液接触皮肤应及时清洗	5	□
		能查阅维修手册并严格执行技术规范，有良好的责任心和职业道德	5	□
	“5S”管理	注意操作安全，不随意放置工具、量具，不应有其他安全隐患	3	□
		能按正确步骤操作，不得损坏车辆、设备等，按环保规定处理废弃物，不可发生语言争执或肢体碰撞，避免人员受伤	2	□
总评分				

任务三十一 点火线圈的检测

学习目标

1. 能说出点火线圈的作用及组成。
2. 能查阅维修手册，了解点火线圈的相关知识。
3. 能使用故障诊断仪及数字万用表检测点火线圈。
4. 能独立完成点火线圈跳火试验。

任务描述

一辆丰田卡罗拉1.6 L轿车进店维护保养，该车行驶超过100 000 km，客户反映车辆发动机出现严重抖动且明显加速无力，经故障诊断仪检测为点火线圈故障。本任务的主要内容是点火线圈的检测。

问题：检测点火线圈时的注意事项是什么？

____

____

相关知识

点火线圈是发动机点火装置的关键部分之一，是发动机点火系统的执行器，为火花塞提供充分的能量促使其生成足够的电火花，以提高发动机工作性能。点火线圈主要由初级线圈、次级线圈和铁芯等组成。初级线圈一端与车上低压电源（+）连接，另一端与开关装置连接。次级线圈一端与初级线圈连接，另一端与高压线输出端连接，输出高压电。

任务准备

1. 工具器材

操作前需要准备以下设备、工具及辅助材料等（以单工位为例）。

设备、工具及辅助材料

序号	名称	规格	数量
1	实训车	丰田卡罗拉 1. 6 L	1
2	专用测试线	—	2
3	T 形连接线	—	4
4	数字万用表	—	1
5	工具车	JTC 三层	1
6	故障诊断仪	KT710	1
7	零件车	—	1
8	棉纱手套	—	2
9	翼子板及前格栅布	—	1
10	车内四件套	—	1
11	示波器	—	1
12	可调式火花测试器	—	1

2. 分工及操作

职务	代码	姓名	工作内容
组长	A		
组员	B		
	C		
	D		
	E		

任务实施

下面以丰田卡罗拉 1. 6 L 车型为例，介绍点火线圈的检测方法。

序号	图示	步骤及技术要点
1		打开发动机引擎盖，安装翼子板、前格栅布和车内四件套

续表

序号	图示	步骤及技术要点
2		用 KT710 故障诊断仪读取故障码，清除故障码后再次读取。如果故障码重复出现，应检查点火线圈及其相关线路 注意：故障码“P0351”说明点火线圈线路______________，点火线圈本身或发动机控制单元有故障
3		在点火开关________状态下，断开点火线圈连接器，用 T 形连接线连接点火线圈及其连接器
4		将 4 号搭铁端子 T 形连接线与示波器搭铁线连接，将 2 号点火反馈信号端子的 T 形连接线与示波器检测线连接
5		在发动机怠速运转状态下，打开示波器，选择通用波形检测界面，观察波形应为峰值_____V 的矩形波
6		用同样的方法检查 3 号点火确认信号端子
7		用专用测试线分别与点火线圈连接器 1 号端子、2 号端子、4 号端子连接

续表

序号	图示	步骤及技术要点
8	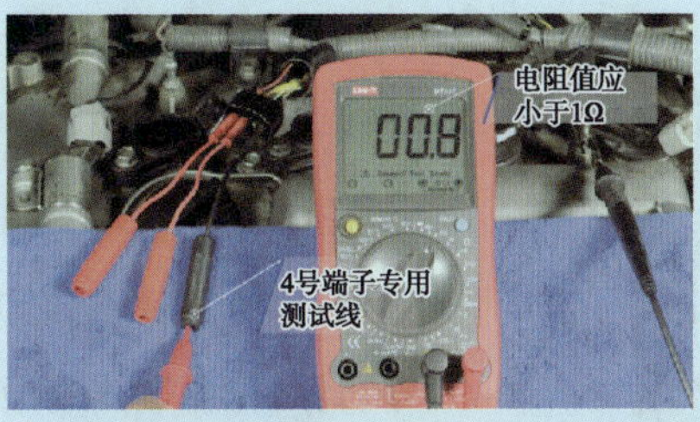 电阻值应小于1Ω 4号端子专用测试线	打开数字万用表电源开关，将其置于“______Ω”电阻挡，黑表笔搭铁，红表笔与4号端子专用测试线连接，电阻值应小于______Ω
9	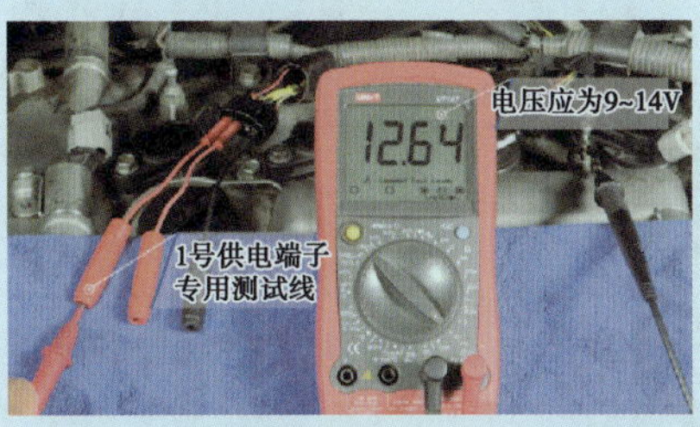 电压应为9~14V 1号供电端子专用测试线	将点火开关置于______位置，黑表笔搭铁，红表笔置于点火线圈连接器1号供电端子专用测试线上，电压应为________V
10	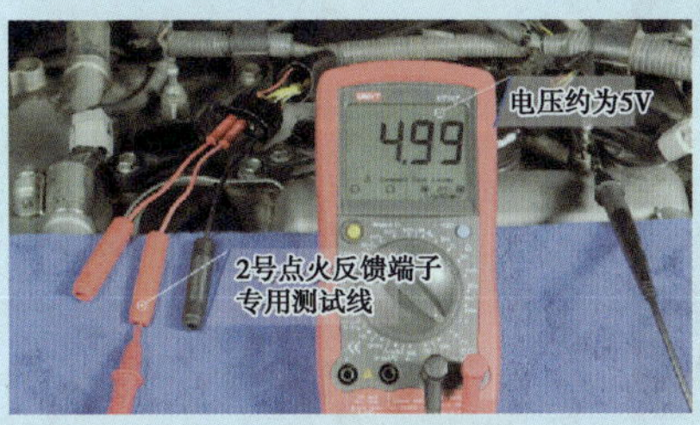 电压约为5V 2号点火反馈端子专用测试线	将红表笔置于点火线圈连接器2号点火反馈端子专用测试线上，电压约为______V
11		按照规范拆下________________
12	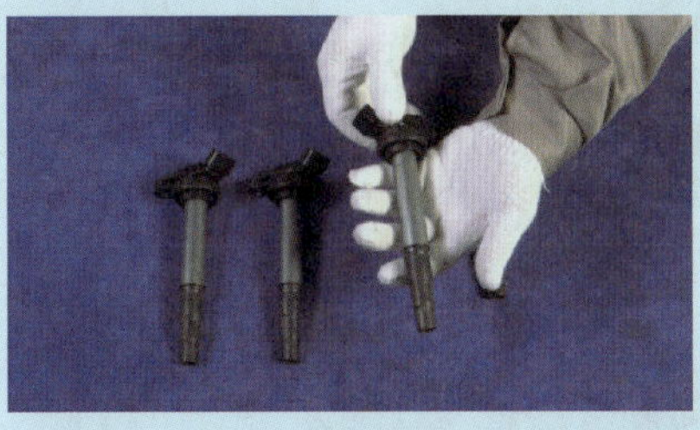	检查点火线圈总成外表面应______，橡胶圈应____________等现象
13	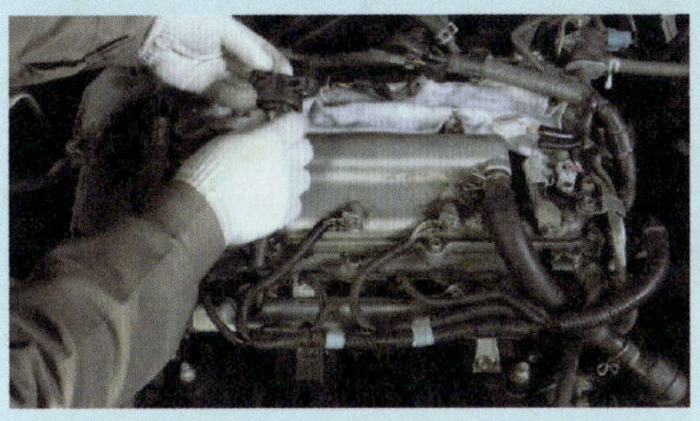	连接点火线圈总成连接器

续表

序号	图示	步骤及技术要点
14		将_______________安装到点火线圈总成上。将可调式火花测试器旁电极鳄鱼钳夹在发动机搭铁点上，可调式火花测试器间隙调整到中间位置
15	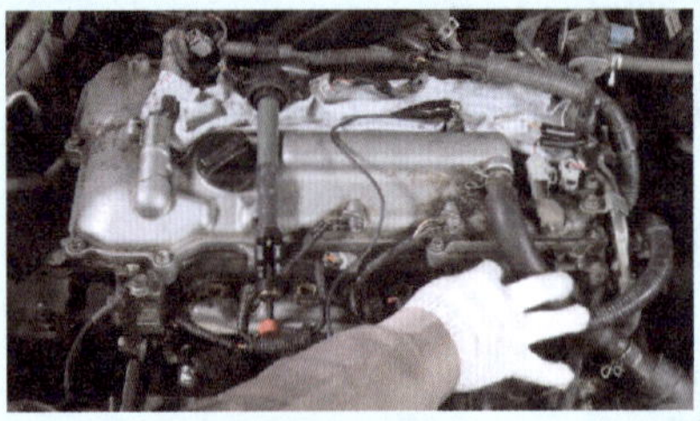	断开 4 个喷油器连接器
16		打开点火开关，启动发动机，电火花颜色应为蓝色或紫色
17		测试完成后，按照与拆卸相反的顺序恢复火花塞和点火线圈总成等附件
18		按照“5S”要求恢复场地

任务评价

项目	作业内容	评价要点	配分	评价
准备工作	场地准备	工位应干净、 整洁， 地面无油污	1	□
		车辆停靠在合适位置	1	□
	设备检查	铺设翼子板及前格栅布	2	□
		铺设车内四件套	2	□
	人员防护	工作服穿戴整齐	2	□
		拆装操作时应佩戴棉纱手套	2	□
	工具、 量具检查	检查工具车中工具是否齐全， 有无损坏等情况	3	□
		检查数字万用表、 示波器等是否能正常工作	2	□
操作	操作要点	能用 KT710 故障诊断仪读取故障码	10	□
		能断开点火线圈连接器	5	□
		能使用示波器检测点火线圈工作波形并记录	7	□
		能使用专用测试线连接点火线圈连接器	8	□
		能使用数字万用表测量点火线圈的工作电压	5	□
		能规范拆下点火线圈和火花塞， 并检查点火线圈总成外观	5	□
		能按与拆卸相反的顺序恢复火花塞和点火线圈总成等附件	10	□
	技术规范	能掌握故障诊断仪和示波器的使用规范	5	□
		能测量点火线圈连接器端子电阻和电压	5	□
		能完成点火线圈总成跳火试验并判断电火花颜色是否正常	5	□
		能熟练使用数字万用表并进行正确挡位切换	5	□
职业素养	安全及合作	特殊操作应佩戴安全帽、 防酸碱手套或绝缘手套、 护目镜等防护用品	5	□
		能查阅维修手册并严格执行技术规范， 有良好的责任心和职业道德	5	□
	“5S” 管理	注意操作安全， 不随意放置工具、 量具， 不应有其他安全隐患	3	□
		能按正确步骤操作， 不得损坏车辆、 设备等， 按环保规定处理废弃物， 不可发生语言争执或肢体碰撞， 避免人员受伤	2	□
总评分				

任务三十二

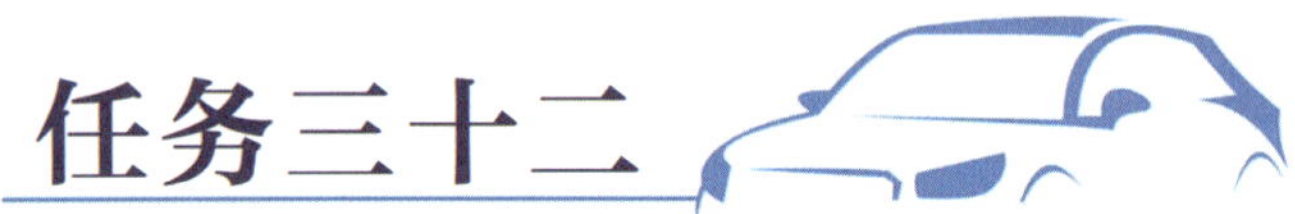

可变气门正时系统的检测

学习目标

1. 能说出可变气门正时系统的功用及组成。
2. 能查阅维修手册，了解可变气门正时系统相关内容。
3. 能使用故障诊断仪检测凸轮轴正时机油控制阀。
4. 能使用数字万用表检测凸轮轴正时机油控制阀线路及线圈电阻。
5. 能独立完成凸轮轴正时机油控制阀通电测试。

任务描述

一辆丰田卡罗拉1.6 L轿车进店维护保养，该车行驶超过100 000 km，客户反映车辆发动机故障灯亮、怠速抖动、加速抖动，经故障诊断仪检查为可变气门正时系统故障。本任务的主要内容是可变气门正时系统的检测。

问题1：可变气门正时系统检测时的注意事项有哪些？

____

____

问题2：哪些原因会导致可变气门正时系统故障？

____

____

相关知识

可变气门正时系统能根据发动机的运行情况，调整进气（排气）量以及气门开合的时间、角度等，以使进入气缸的空气量达到最佳，从而提高燃烧效率。可变气门正时控制过程比较复杂，气门重叠角的调整时机与角度必须与工况需求相对应，在控制过程中，还需要在运行稳定性、动力性、经济性、排放指标等方面进行调配和取舍。

任务准备

1. 工具器材

操作前需要准备以下设备、工具及辅助材料等（以单工位为例）。

设备、工具及辅助材料

序号	名称	规格	数量
1	实训车	丰田卡罗拉 1.6 L	1
2	专用测试线	—	2
3	数字万用表	—	1
4	工具车	JTC 三层	1
5	故障诊断仪	KT710	1
6	零件车	—	1
7	棉纱手套	—	2
8	翼子板及前格栅布	—	1
9	车内四件套	—	1

2. 分工及操作

<table>
<tr><th>职务</th><th>代码</th><th>姓名</th><th>工作内容</th></tr>
<tr><td>组长</td><td>A</td><td></td><td></td></tr>
<tr><td rowspan="4">组员</td><td>B</td><td></td><td rowspan="2"></td></tr>
<tr><td>C</td><td></td></tr>
<tr><td>D</td><td></td><td rowspan="2"></td></tr>
<tr><td>E</td><td></td></tr>
</table>

任务实施

下面以丰田卡罗拉 1.6 L 车型为例，介绍使用故障诊断仪和数字万用表检测可变气门正时系统的方法与步骤。

序号	图示	步骤及技术要点
1		打开发动机引擎盖，安装翼子板、前格栅布和车内四件套
2	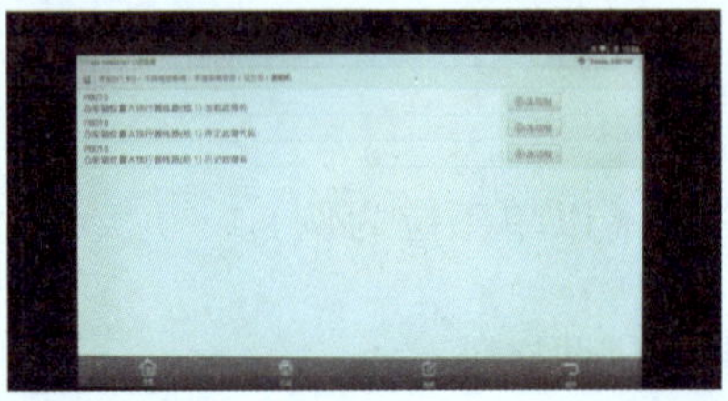	用 KT710 故障诊断仪读取故障码，清除故障码后再次读取。如故障码重复出现，应检查凸轮轴正时机油控制阀总成及其相关线路 注意：故障码“P0010”说明凸轮轴正时机油控制阀总成线路断路或短路，____有故障
3	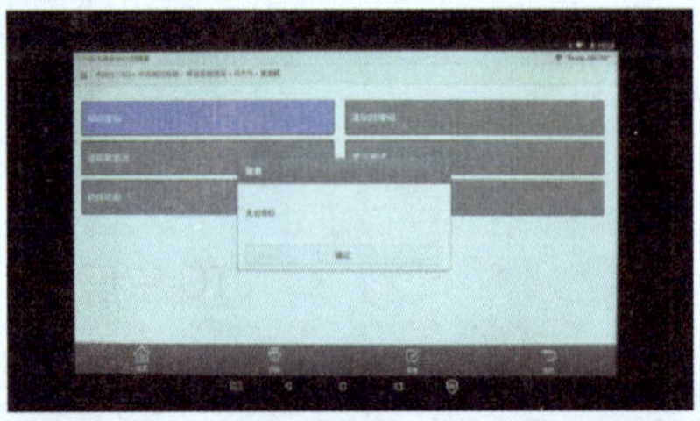	修复故障后，确保没有故障码再进行激活测试
4	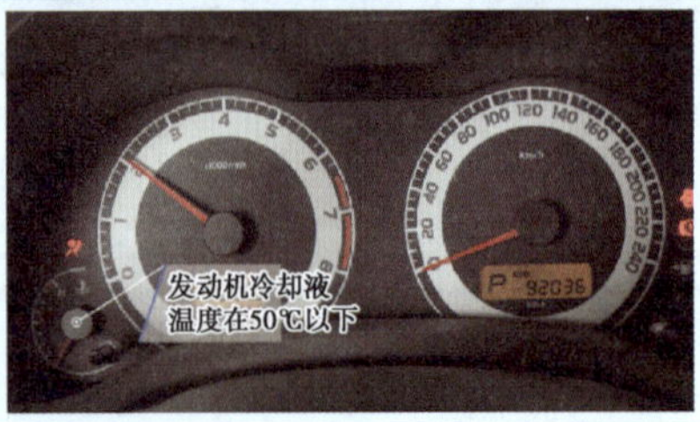	测试可变气门正时系统。发动机冷却液温度在______°C 以下时，保持发动机________
5	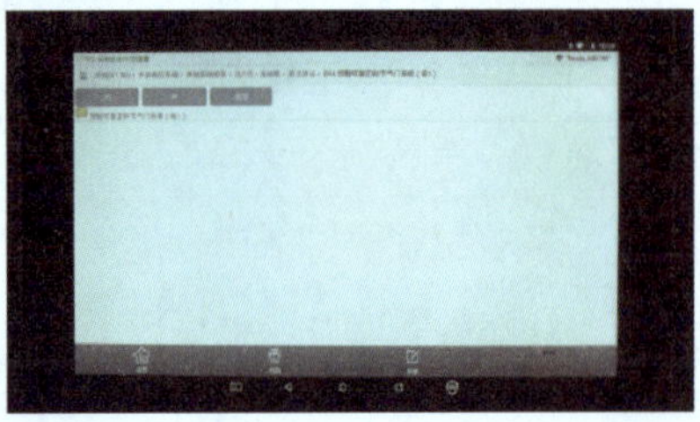	进入“激活测试”界面，选择“控制可变正时气门系统（组 1）”后，点击“开”，显示器提示“执行器测试完成”。发动机怠速有明显减小或怠速不稳，说明____________________________，否则应检查相关部件及线路
6	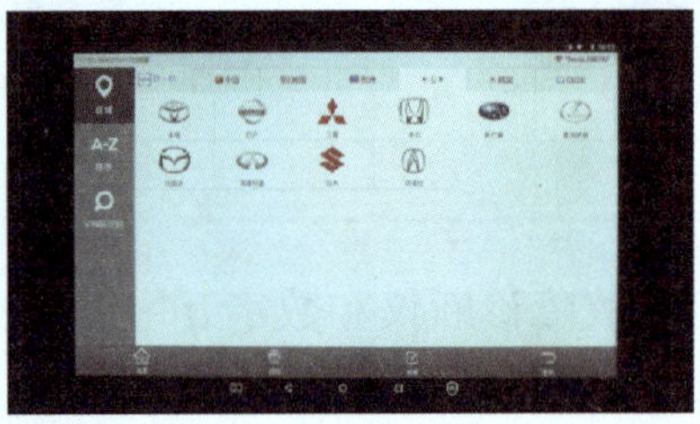	测试完毕返回主界面

续表

序号	图示	步骤及技术要点
7	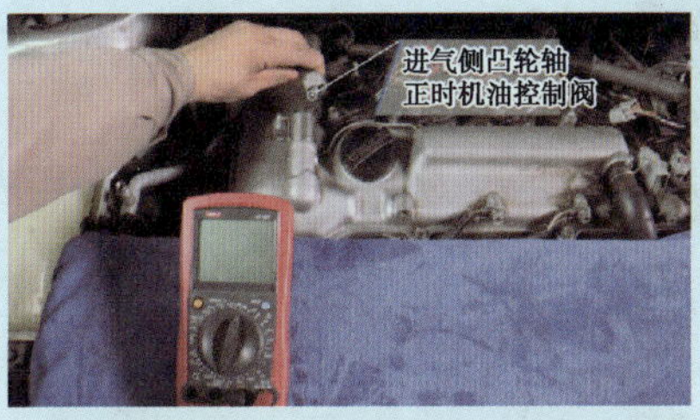	在点火开关关闭状态下，断开进气侧凸轮轴正时机油控制阀总成连接器
8		用专用测试线连接凸轮轴正时机油控制阀连接器 1 号端子和 2 号端子
9	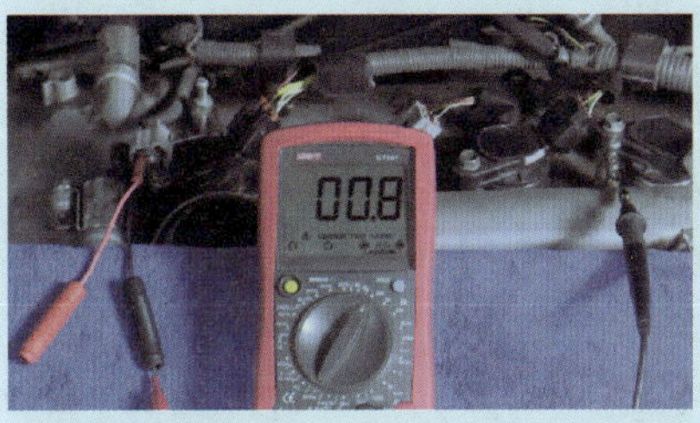	打开数字万用表电源开关，将其置于“______”电阻挡，黑表笔搭铁，红表笔与连接器 2 号搭铁端子专用测试线连接，电阻值应小于______Ω
10		在点火开关打开状态下，将数字万用表置于“______”直流电压挡，黑表笔搭铁，红表笔与连接器 1 号控制端专用测试线连接，参考电压约为 1.2 V
11		用专用测试线连接凸轮轴正时机油控制阀总成 1 号端子和 2 号端子
12	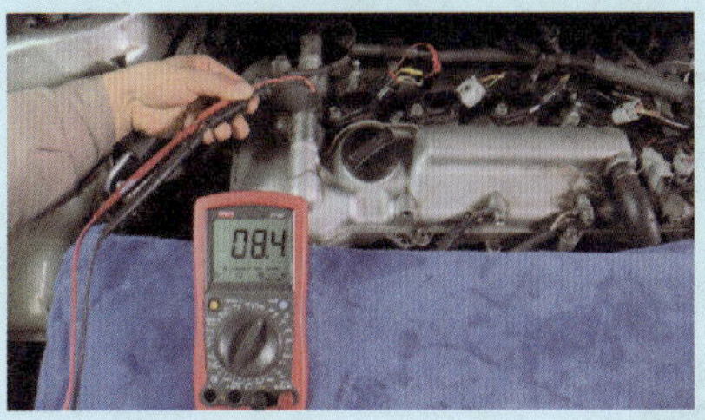	将数字万用表置于“______”电阻挡，红黑表笔分别与两根专用测试线连接，线圈电阻值约为 8 Ω

续表

序号	图示	步骤及技术要点
13		测量完毕，断开红、黑表笔的连接，关闭数字万用表和点火开关，断开专用测试线
14		拆下进气侧凸轮轴正时机油控制阀总成固定螺栓，将其取出
15		将红色专用测试线与凸轮轴正时机油控制阀总成 1 号端子相连，将黑色专用测试线与凸轮轴正时机油控制阀总成 2 号端子相连
16		将红色专用测试线与蓄电池正极连接线连接，黑色专用测试线与蓄电池负极连接线连接。凸轮轴正时机油控制阀总成的阀芯应向______移动
17		测试完毕，安装凸轮轴正时机油控制阀总成并用螺栓拧紧，扭矩为________N·m。将连接器恢复至凸轮轴正时机油控制阀总成上 不同车型的可变气门正时系统结构有所区别，但是它们的控制原理相似，检测方法相似，检测时应参照维修手册操作
18		按照“5S”要求恢复场地

任务评价

<table>
<tr><th>项目</th><th>作业内容</th><th>评价要点</th><th>配分</th><th>评价</th></tr>
<tr><td rowspan="8">准备工作</td><td rowspan="2">场地准备</td><td>工位应干净、整洁，地面无油污</td><td>1</td><td>□</td></tr>
<tr><td>车辆停靠在合适位置</td><td>1</td><td>□</td></tr>
<tr><td rowspan="2">设备检查</td><td>铺设翼子板及前格栅布</td><td>2</td><td>□</td></tr>
<tr><td>铺设车内四件套</td><td>2</td><td>□</td></tr>
<tr><td rowspan="2">人员防护</td><td>工作服穿戴整齐</td><td>2</td><td>□</td></tr>
<tr><td>拆装操作时应佩戴棉纱手套</td><td>2</td><td>□</td></tr>
<tr><td rowspan="2">工具、量具检查</td><td>检查工具车中工具是否齐全，有无损坏等情况</td><td>3</td><td>□</td></tr>
<tr><td>检查数字万用表是否能正常工作</td><td>2</td><td>□</td></tr>
<tr><td rowspan="11">操作</td><td rowspan="7">操作要点</td><td>能用 KT710 故障诊断仪读取故障码</td><td>10</td><td>□</td></tr>
<tr><td>能按规定步骤测试可变气门正时系统</td><td>5</td><td>□</td></tr>
<tr><td>能断开进气侧凸轮轴正时机油控制阀总成连接器</td><td>7</td><td>□</td></tr>
<tr><td>能用专用测试线连接凸轮轴正时机油控制阀连接器端子</td><td>8</td><td>□</td></tr>
<tr><td>能使用数字万用表测量凸轮轴正时机油控制阀线路及线圈电阻</td><td>5</td><td>□</td></tr>
<tr><td>能拆下进气侧凸轮轴正时机油控制阀总成固定螺栓</td><td>5</td><td>□</td></tr>
<tr><td>能正确对凸轮轴正时机油控制阀进行通电测试</td><td>10</td><td>□</td></tr>
<tr><td rowspan="4">技术规范</td><td>能查阅维修手册，了解可变气门正时系统相关技术参数</td><td>5</td><td>□</td></tr>
<tr><td>能利用故障诊断仪大致判断正时系统故障</td><td>5</td><td>□</td></tr>
<tr><td>能正确找出凸轮轴正时机油控制阀连接器端子号</td><td>5</td><td>□</td></tr>
<tr><td>能熟练使用数字万用表并能正确切换挡位</td><td>5</td><td>□</td></tr>
<tr><td rowspan="4">职业素养</td><td rowspan="2">安全及合作</td><td>特殊操作应佩戴安全帽、防酸碱手套或绝缘手套、护目镜等防护用品</td><td>5</td><td>□</td></tr>
<tr><td>能查阅维修手册并严格执行技术规范，有良好的责任心和职业道德</td><td>5</td><td>□</td></tr>
<tr><td rowspan="2">“5S”管理</td><td>注意操作安全，不随意放置工具、量具，不应有其他安全隐患</td><td>3</td><td>□</td></tr>
<tr><td>能按正确步骤操作，不得损坏车辆、设备等，按环保规定处理废弃物，不可发生语言争执或肢体碰撞，避免人员受伤</td><td>2</td><td>□</td></tr>
<tr><td colspan="3">总评分</td><td colspan="2"></td></tr>
</table>